# イギリス

1:5,600,000

YAMAKAWA SELECTION

# イギリス史 上

川北 稔 編

山川出版社

［カバー写真］
エリザベス１世

# まえがき

明治以来、イギリスという国は、日本人にとって、もっとも親しみの深い外国のひとつであった。ユーラシア大陸の両端の沖合に浮かぶ温帯の島国として、日本とイギリスにはどこか共通性があると感じられてきたこともあろう。じっさい、「生態史観」などと称して、そのような議論が大まじめになされたこともあった。

しかし、日本人のイギリスにたいする見方、ないし評価には、時代によって大きな変遷があったことも事実である。すなわち、一方の極では、「模範」ないし「規範」としてのイギリスがあった。とくに、戦後の数十年間には、議会制民主主義のふるさとでもあれば、「最初の産業革命」に成功し、資本主義発展の波頭にも立った国としてのイギリスというイメージが強烈に押し出され、イギリスは先進国の代表例となった。近代社会の典型が(アメリカではなくて)イギリスにあり、理想的な経済発展もこの国にみられる、ということになった時期がある。

ところが、高度成長にともなって、わが国の経済的地位が向上し、逆にイギリスのそれが「イギリス病」を取りざたされる時代が続いた結果、いまでは、日本人のイギリスにたいする関心が、その貴族制度や貴族文化にかかわるものであったり、観光地で売られるアンティークスのたぐいであったりする例が、あまりにも多く目につく。イギリスの最新式の工場や鉄道に感激した明治の「洋行」者や、マルクスやドイツの社会学者マックス・ウェーバーに導かれて、「近代資本主義」や「近代市民社会」の典型――それはまた、日本のこれから行くべき道であるとも考えられた――を見つけるつもりでイギリスに行った戦後の留学生たちとは違って、いまやイギリス各地に「遊学」中の若者たちは、もはや高度成長後の日本にはなくなってしまった「アーカイックな(古くさい)もの」をみつけては感激しているのである。

このような相反する見方には、じつは、そのどちらにも多少の真理が含まれているといえる。しかし、同時に、そのどちらも根本的な前提を間違えているということもできる。イギリスの社会や文化が、妙に保守的であると同時に、非常に新しいという矛盾した様相を呈していることは、日本人ならずとも、アメリカ人をはじめ多くの人々が指摘してきたことである。むしろ、そうした相矛盾する要素がいかにして共存してきたのかを探ることが、イギリス史理解の鍵であるということもできる。

たとえば、イギリスでは、十七世紀という早い時点で「市民革命」が起こった。このことは、ひとつには、イギリスの「先進性」の証明になるともいえる。しかし、同時に、十七世紀には産業資本主義といえるほどのものは、あまり発展していなかったから、そこで中心になったのは地主と貿易商人、つまり「地主ジェントルマン」ないし「疑似ジェントルマン(自称ジェントルマン)」たちでしかなかった。このことは、近代イギリス社会の「保守性」を象徴することにもなった。

しかし、「疑似ジェントルマン」としての貿易商人や専門職の人々をも広義の貴族の一員として取り込む「近代性」を示したイギリスは、その貴族制度を今日まで温存してしまい、フランスなどとは違って、今日にいたるまで「生まれながらの貴族」が、自動的に「貴族院議員」であるなどという前近代的なシステムを残すことになったのである。

こうして、イギリス史に「先進性」や「近代性」ばかりを期待した戦前・戦後の見方は正しくない。しかし、イギリスは古いものを残しているというだけの理由でわれわれにとって興味深いのでもない。この国の社会や文化では、保守性と先進性という二つの側面が相互に原因となり、結果となって結びついていることを理解することが大事なのである。

イギリス史にみられる二面性は、そのヨーロッパとの関係においても顕著である。中世のイギリスは、半ば大陸国家（アンジュー帝国）の様相を呈していたし、近世になっても、イギリスがヨーロッパの一部であることに変わりはなかった。しかし、十九世紀初頭、ナポレオンが大陸封鎖を宣言する頃には、イギリスは「世界帝国」への傾斜を強め、ヨーロッパ離れの傾向を示した。

第二次世界大戦後、経済の低迷と頻発するストライキに悩まされたイギリスは、一九七三年年初に、当時のEC、（つまり、今日のEU）に加盟し、「ヨーロッパ回帰」を果たした。にもかかわらず、その後、四〇年あまりの歳月がすぎ、「EU離脱」をめぐって、いまや国家体制の危機ともいえるほど国論を二分する混乱を経験しているのもまた、ヨーロッパとよりひろい「帝国」ないし「世界」とのあいだでの、イギリス史特有の「揺らぎ」の一局面として理解すべきである。

日本とイギリスは、その気候や地理的条件も、社会や国家の構造も、さらには、対外的な関連も、大きく異なっているので、両者を安易に対比することは避けなければならない。まずは、虚心に、その違いを知ることから始めるべきである。

二〇一九年九月末　長岡京市にて

川　北　稔

目次

下巻目次

山川セレクション

# イギリス史 上

# 序章　イギリスとは何か

## 1　イギリスの歴史的風土

### 自然環境

「イギリスの五月」ということばがある。一年でもっとも美しい季節という意味である。ハリエニシダやヒース(エリカ)などありとあらゆる花が野に咲き乱れ、緑が色を濃くするこの季節は、詩歌や小説にうたわれ、心浮き立つシーズンということになっている。しかし、むろん、五月が美しいということは、それまでの季節がいかに厳しいかということの裏返しでもある。イギリスは、一言でいえば、雲の低くたれこめた曇天や小雨の日がきわめて多い土地である。イギリス人が、つねに傘をもっているというのは、一種の伝説にすぎないが、そのような話が真実味をおびるほど気候条件にめぐまれない国である。もっとも、ロンドン周辺では、まれに氷点下になることはあっても、それほど寒いわけではないし、雪がふることも比較的少ない。

「イギリスの五月」が心浮き立ついまひとつの理由は、このころから夏にかけて、昼間の時間が長くなることである。北緯五一度線の北に位置するロンドンは、日本付近でいえばサハリン(樺太)北部にあたるから、夏と冬の昼間の時間差がきわめて大きい。長い冬のあいだは日照時間がごく短く、天気もよくない。その分、白夜とまではいわないにしても、夏の昼間は長く、夏時間が適用されている現代では、九時くらいまでは野外の活動が可能な時期もある。ほとんどがこの国を発祥地とした近代スポーツや、かつて十分な照明のない時代にシェイクスピアを生んだ演劇・音楽などの文化活動も、このような自然条件と無関係とはいえない。

ユーラシア大陸の両端の沖合に位置する島国として、日本人はかねてイギリスにある種の親近感をいだいてきた。しかし、この二つの国の実態は非常に異なっていることに注意すべきである。地理や植生上の条件も、両国でおおいに違っている。近代のイギリスは、少なくとも中心部にあたるイングランドにかんするかぎり、全土がせいぜい灌木と草地で覆われて、喬木《きょうぼく》の森というものがほとんど見当らない。中心部を南北にペナイン山脈がはしっているが、これとてわが国でいえば奈良の若草山が続いているようなもので、山脈というよりは丘陵というほうがあたっている。もっとも、喬木の森がないのは、後述されるように、十六世紀に「森林の枯渇《こかつ》」として知られる乱伐がおこなわれた結果であって、中世までのイギリスの風景とはおのずと異なっている。

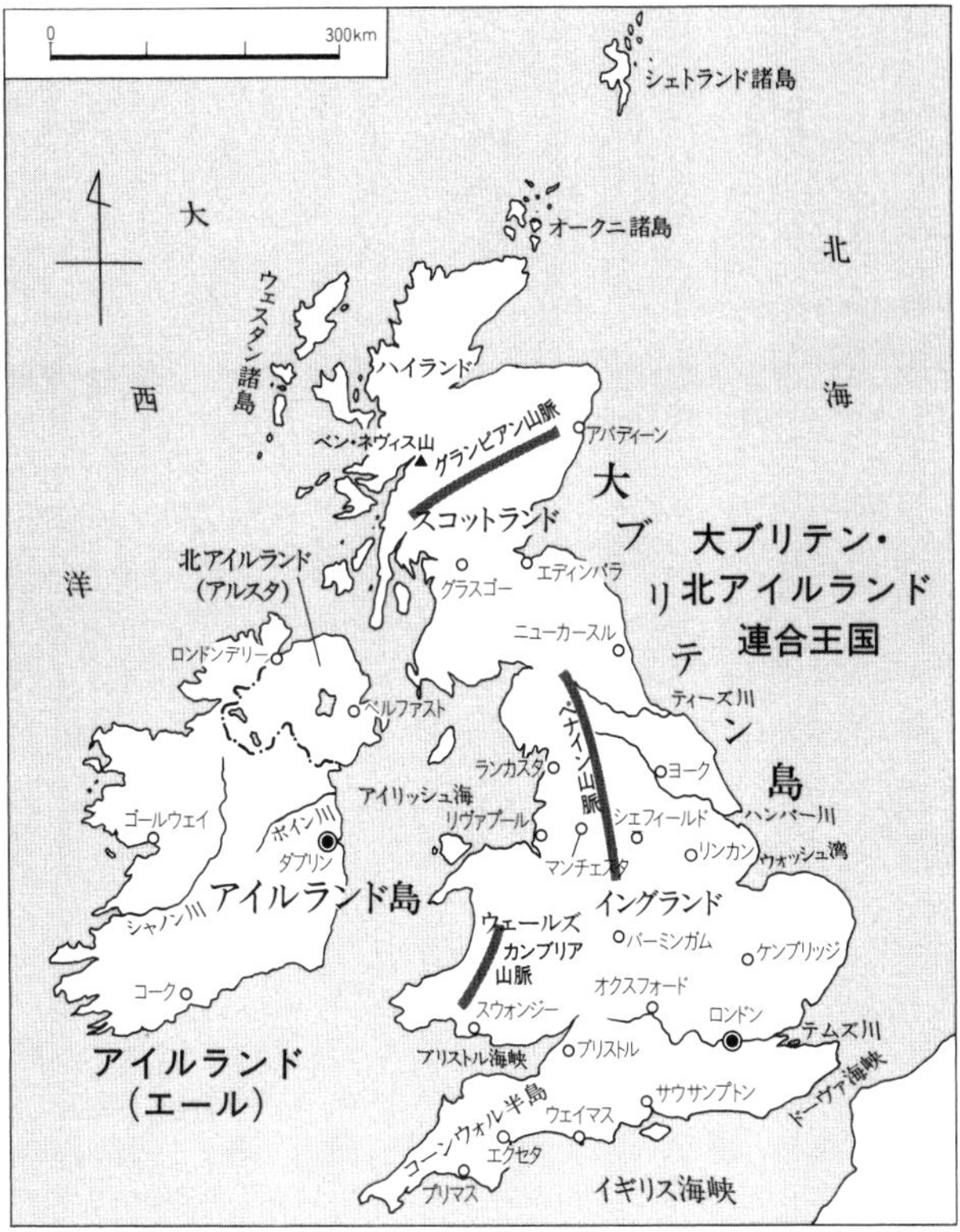

0
300km
シェトランド諸島
オークニ諸島
大
西
洋
北
海
ウェスタン諸島
ハイランド
グランピアン山脈
ベン・ネヴィス山
アバディーン
スコットランド
大
ブ
リ
テ
ン
島
大ブリテン・
北アイルランド
連合王国
北アイルランド
（アルスタ）
グラスゴー
エディンバラ
ニューカースル
ロンドンデリー
ベルファスト
ティーズ川
ペナイン山脈
ランカスタ
ヨーク
アイリッシュ海
ハンバー川
ゴールウェイ
ボイン川
リヴァプール
シェフィールド
ダブリン
マンチェスタ
リンカン
ウォッシュ湾
アイルランド島
イングランド
シャノン川
ウェールズ
バーミンガム
カンブリア
山脈
ケンブリッジ
コーク
オクスフォード
スウォンジー
ロンドン
テムズ川
ブリストル海峡
ブリストル
アイルランド
（エール）
コーンウォル半島
ウェイマス
サウサンプトン
ドーヴァ海峡
エクセタ
プリマス
イギリス海峡


イギリスの地勢

土地の肥沃度も、イギリスと日本ではまったく異なる。江戸時代でも、日本の水稲栽培では種子一粒にたいして一〇〇粒以上の収穫がえられたのにたいして、十六世紀のイギリスでは、小麦の収穫量は種子の数倍、十八世紀でも二桁に達するかどうかという程度であった。このような農業の生産性の低さが、牧畜や製造工業への関心の強さ、対外進出＝帝国形成の動機づけとなった。地質的には、軽い、チョーク質の土壌を特徴とした東南部にたいして、北西部は、重い粘土質の土壌を特徴としており、農業革命は前者の土地で展開した。

この例のように、東部のウォッシュ湾、または、リンカンシァの州都リンカンと西南部のエクセタ市、またはブリストル湾を結ぶラインで、イングランドはつねに二分されてきた傾向がある。ピューリタン革命に際しては、東南部が議会(革命)派となり、西北部が国王派となった。産業革命は後者で展開し、前者に属するロンドンには、後述するジェントルマン資本主義が典型的に展開した。工業の北西部にたいして、商業と金融のロンドンという近代のイメージも、もともとは、こうした自然条件に基礎をおくものであった。

いずれにせよ、イギリスには高い山がないということは、河川が全般にゆるやかに、したがってまた水量豊かに流れているということでもある。古代のローマ人が英仏(イギリス)海峡に注ぐテムズ川の河口から四、五〇キロもさかのぼって、ロンドン(ロンディニウム)や東北部のハンバー川のさらに支流をさかのぼったヨーク(エブラクム)に植民地を建設しえたのも、上げ潮にのって船舶がそこまで

18世紀イギリスの農場風景　左下はマナーハウス。羊が放牧されており，地条もよくみえる。西部の囲い込み以前のマナー(荘園)風景である。

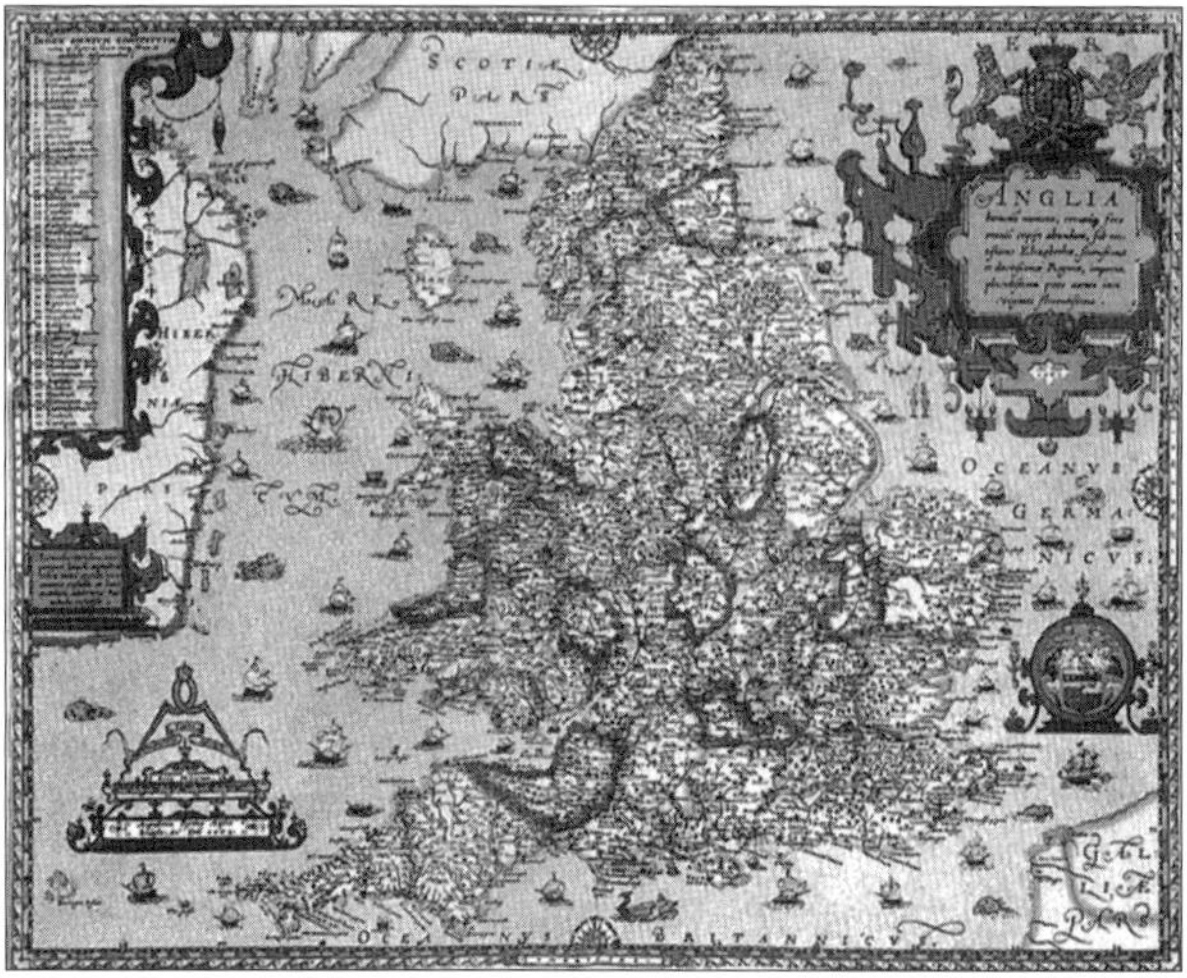


クリストファ・サクストンのイギリス図(1579年)　ウェールズはすでに併合されているが，スコットランドは「外国」である。

十分にさかのぼれたからである。このような条件は、産業革命時代に水運が重要な役割をはたす前提でもあった。「イギリスの平和(パクス・ブリタニカ)」が成立し、イギリスが世界経済の中核となった十九世紀にも、ロンドン、リヴァプール、ブリストル、ハルなどという主要な港がほとんど海には面していない、河川の港であったのもこのためである。

### 「イギリス」と「イギリス人」

ところで、ここまで「イギリス」という呼称を説明なしに用いてきた。しかし、イギリス、あるいはイギリス人とは、一体なんなのか。この言葉自体は、イングランドの形容詞「イングリッシュ」のポルトガル語形ないしオランダ語形あたりから派生したかと思われるが、それはおもに時代によって、イングランド、イングランドとウェールズ、それにスコットランドを含めたグレイト・ブリテン、あるいは、さらに北アイルランドを含めた連合王国など、多様な意味で使われているのが実情である。ウェールズがイングランドに併合されたのは一五三六年、スコットランドは一七〇七年に、アイルランドは一八〇一年に併合されたから、それぞれの時期に「イギリス」という用語があらわす地理的内実は変化したことになる。

したがって、「イギリス人」と呼ばれる人々の実態も、さまざまである。ブリテン島やアイルランド島には、かつては広くケルト人(ブリトン人)が居住しており、さらにラテン(古代ローマ)人の支配があった。そのうえアングル人やサクソン人など、いわゆるゲルマン人やデンマークからのノルマン系デーン人(ヴァイキング)の侵入があった。このようなあいつぐ人種・民族集団の到来は、一〇六六年にノルマン系フランス人による「ノルマン征服」によって、いちおうのピリオドを打った。中世を通じて、イギリスの支配階級は彼らノルマン系フランス人によって構成され、一般にアングロ゠サクソン人などの農民が被支配階級となった。十七世紀ピューリタン革命期の農民が「ノルマンのくびき」の打破をスローガンとしたことは、この歴史的状況をよく示している。ともあれ、「イギリス人」とは、このような諸人種がいりまじったものであった。「ブリテン」という地名は、ローマ人がこの島を「ブリテン島」と呼んだことに由来し、「イングランド」は「アングル人の土地」の意味である。とはいえ、ウェールズ、スコットランド、アイルランド(古くはイングランド西南部のコールウォル地域も)は、ケルト人の居住地として残ったから、今日にいたるまで「ケルト辺境」としてそれぞれに特有の文化的雰囲気を維持し、微妙な対立を残している。

さらに、近代以降のイギリスは広大な帝国を維持し、植民地支配をおこなった結果、世界各地から多様な人々がさまざまな理由でこの国に定住するようになった。イギリスが世界経済の中核として、繁栄の頂点にあった十九世紀には、とくにアイルランド人、東欧系ユダヤ人が流入し、第二次大戦後は、西インド諸島からの黒人、インド、パキスタン、バングラデシュ、香港、マレーシアなどアジア系の人々、キプロス紛争にともなうキプロス難民、ポーランド人などが大量に定住した。こうして、現在のイギリスはまさしく「多民族国家」の様相を呈している。イギリス史理解の第一歩は、単一の「イギリス人」などというものは存在しない、という事実を肝に銘じることである。

## 2　イギリス史を貫くもの——帝国とジェントルマン

### 帝国としてのイギリス

「英仏海峡が嵐になると、ヨーロッパは孤立する」ということばがある。イギリス人がいかに自己中心的であるかを皮肉ったジョークである。むろん、地理的条件や気候などから「国民性」を説明するのは、正しくない。地理や気候も、長い年月には大きく変化するものだし、そもそも「国民性」もまた、歴史とともに変化するものだからである。イギリス人の「島国根性」はしばしば非難の対象となっているが、他方では、イギリスは早くから複数の文化を包含する「帝国」としての性格をもっており、「帝国意識」とでもいうべきものも、とくに近代史においては際立っている。むしろ、つねに「ブリテン島」のなかの出来事だけに目を奪われず、「世界のなかのイギリス」をみるのでなければ、この国の歴史は理解できない。

中世のイギリスでさえ、その中心となったプランタジネット朝は、むしろフランスのアンジュー伯領に起源のある「アンジュー帝国」の一部とさえ考えられるほど、ヨーロッパ大陸の諸地域と密接な関係にあった。十六世紀から工業化の進展する十八世紀末までを「近世」と呼ぶとして、近世やそれ以後の近代にあっては、イギリスは本質的に「帝国」であった。帝国とは、複数の文化を包含する単一の統治体のことである。すでに一五三六年にウェールズを併合したイギリスは、国内に相当規模の「ケルト辺境」を抱えこみ、その範囲を拡大していったし、同じ世紀の末からは、アイルランドをへて大西洋へと展開した。十七世紀以降は、アジアへの進出をもはかり、十九世紀にいたってはアジアこそが、かのイギリス帝国(大英帝国)を支える基盤となった。

政治的支配をともなった公式の帝国は、一九三〇年前後に最大の版図を獲得した。自国領の土地を赤く塗った当時のイギリスの世界地図をみると、イギリス人はもっとも重視されたインドへの道はもとより、世界一周さえもが、ほとんど他国の領土を踏むことなくできたことがわかる。当時、「オール・レッド制度」と呼ばれた考え方である。そのうえ、さらにその外延部には、自由貿易帝国とか、非公式帝国などと呼ばれる、事実上、イギリスの影響下にあり、経済的にはほぼその支配下にあったラテンアメリカなどの多くの地域があった。しかし、両次大戦後にはそれぞれ、こうした植民地の独立があいつぎ、イギリス帝国は急速に収縮する。とはいえ、今もなお、ユニオン・ジャックを自国旗の隅につけた「(ブリティッシュ・)コモンウェルス」所属の諸国が多数みられることは、イギリス帝国の紐帯《ちゅうたい》が根強いことを示している。ヨーロッパ統合が進んで、イギリス人が「英仏海峡が嵐になった」とき、孤立するのはイギリスのほうであることを認識するようになったのは、ごく近年のことでしかない。

帝国支配がイギリスにとって有利であったかどうか、また植民地側にとっても、搾取されるばかりで、いわば「文明化の利益」とでもいうべきものがなかったのかどうか、については長い論争の歴史がある。この問題を考えるには、帝国支配の経済的側面だけに目を奪われてはならない。帝国支配には、少なくとも政治・経済・文化の三つの段階があった。イギリスの政治的支配が終わったあとも、多くの植民地では経済的な支配が残存した。その経済的な支配が終わったあとにも、共通言語としての「英語」をはじめとする「文化的支配」は色濃く残っているのが実情である。

こうして、近世以降のイギリスは一貫して「帝国構造」をもっており、政治や経済はもとより、社会問題の処理にも、このことが深い影を落としてきたのである。この意味で、中世以降のイギリス史は、帝国構造の形成とその展開、帝国解体の長い歴史としてみられるべきである。

## ジェントルマン——二つの国民

「イギリスは二つの国民からなっている」といったのは、十九世紀の政治家ディズレーリであった。イギリス人が少数の支配階級と大衆、つまり被支配階級とに大きく二分されているという見方もまた、中世以来、一貫して存在する。たしかに、他方では、強力な「中流」階層が存在したという主張もある。しかし、それ以上に、支配的階層としての「ジェントルマン」の存在が大きいといわなければならない。

ジェントルマンとは、近世においては圧倒的に地主(せいぜい二〇〇家族程度の貴族と、数万家族のジェントリと呼ばれた平民である大地主)を主体とする資産家で、経済的には、土地を中心とする資産の賃貸料(レント)によって特有の生活文化を維持した階層のことである。地代・金利生活者《ランチエ》である彼らは、精神的には、中世の騎士道精神を引き継ぐ者として楯型の家紋を目印とし、領民の保護者をもって任じていた。有閑階級である彼らは、中央でも地方でも、この国の政治の実権を掌握していたという意味で、為政者の階級でもあった。

ジェントルマンはまた、ルネサンス・ヒューマニズムをその理想として取り込んだために、狭い専門的な教養より、「全人」的な広い教養とアマチュアリズムを求めた。このことが、近世から現代にいたるイギリス文化の際立った特徴ともなった。

ジェントルマンは、もっとも早くからひとつの「階級」として全国的に一体感をもった。十七世紀のイギリスがジェントルマンの一階級社会であったなどといわれるのは、このためである。むろん、非ジェントルマンの階層も、やがてたとえば「労働者階級」といったかたちで、全国的な一体感をもつようにはなるが、十九世紀にいたるまでジェントルマンを指導者とし、非ジェントルマン階層の人々が彼らに縦の関係で結びついていたのが、イギリス社会の特徴でもあったとみられる。

イギリスにジェントルマン支配の体制が成立した近世には、フランスではアンシャン・レジームの貴族支配が存在した。ジェントルマンの大半は平民であったから、彼らはその特有の生活様式とそれを支える膨大な不労所得によって、その地位を保っていたにすぎない。フランス貴族のような法的「身分」ではなかったのである。このことは、イギリスでは、「二つの国民」のあいだに絶対にこえられない「生まれ」による壁はなく、経済的に大成功をおさめれば、少なくともその子孫は支配階級にはいることができたことを意味した。イギリスの支配階級が「開かれたエリート」であったとされる理由である。

「開かれたエリート」の支配は、それだけ柔軟性に富み、あらたに勃興してきた社会層を部分的に取り込むことができ、それだけ社会の緊張が高まる可能性が少なかったのである。その結果、イギリスには、フランス革命のような支配階級を一掃する事件は、ついに今日までみられない。まさにイギリスの支配体制が柔軟であったがゆえに、王室制度や貴族制度に象徴されるような、今では時代遅れの社会構造が生き残ったともいえるのである。

## ジェントルマン資本主義と帝国支配

ジェントルマンによるジェントルマンでない人々(民衆)の支配という構造は、十九世紀中ごろ、産業革命が完成していわゆる産業資本家層が勢力を伸ばした時期にも、本質的には変化しなかった。ただ、このころになると経済構造の変化のために、資産の主要な形態が土地よりは証券類となった。ジェントルマンの主体は、地主から証券保有者に、つまりシティに転換していくのである。このように地主から証券保有者へと受け継がれた資産家としての経済活動を、「ジェントルマン資本主義」と呼ぶ。こうしたシティの金融活動は、ランカシァやミドランズの製造工業よりは海外――とくに外国政府や海外企業――を対象としたから、ジェントルマン支配の構造は、容易に帝国主義と結びつくものであった。

もともと帝国＝植民地体制は、イギリスの地主ジェントルマンの次・三男がプランター、商人、専門職、将校などのかたちで植民地に活路をみいだしえたという意味でも、ジェントルマン支配を支えるものであったが、ここにいたって、両者の関係はより直接的なものとなったのである。そもそも帝国＝植民地体制は、資産を貸し付けてその賃貸料ないし利子によって上流の生活を維持するという金利生活者《ランチエ》的活動を国民レヴェルで展開したものということもできる。「世界の工場」などというキャッチ・フレイズとは裏腹に、商品やサーヴィスの貿易では大幅な赤字をだしながら、対外貸し付けの利益によって高い福祉の水準を維持した十九世紀後半以後のイギリスが、しばしば「ランチエ国家」と呼ばれるのも、このためである。したがって、中世以降、おおかたの時代のイギリス史は、その帝国＝植民地構造とジェントルマン支配をとおしてみることができるのである。

# 第一章 「イギリス」の成立

## 1 ケルトとローマ

### 複合多民族国家イギリス

本章では先史時代からノルマン時代まで「イギリス」の成立過程をみていく。この期間、ブリテン島という歴史的舞台に、つぎつぎと異民族がたちあらわれ、後世につながる「イギリス」を成立させていった。異なる外民族がブリテン島に侵入・移住した場合、先住民族との戦いや破壊をおこなったことは否定できない。しかし、彼らはしばしば新しい制度・文化・習慣などを持ち込み、先住民と融合し、あるいは相互に影響し合いながら、各時代の特色ある社会・文化を形成していったことも見逃すことはできない。こうした観点から、ここでは、各時代ごとにブリテン島を舞台に繰り広げられた異民族の活動を跡づけながら、彼らが複合多民族国家「イギリス」の成立にどのようなかたちで貢献していったのかを明らかにしていきたい。

ケルト期からノルマン期までの「イギリス」史を特徴づける点として異民族の接触をあげることができる。あらたな民族が渡来した際には征服・侵略活動がおこなわれる。しかし、その後の支配体制としては、先住民族をあらたな渡来民族が上から支配している重層的関係とともに、地理的な先住民との住み分けや共存関係がみられた。「ローマン＝ブリティッシュ」「アングロ＝ブリティッシュ」「アングロ＝デーニッシュ」「アングロ＝ノルマン」体制という場合に、それら両方の関係が示唆されていることに注目すべきである。

外民族の侵入は、各時代のブリテン島の民族構成を大きく変化させた。あらたな文化の創造も、侵入・移住してきた外民族の存在をぬきにしては語れない。民族の変化は、政治や宗教も含む大きな社会的転換を引き起こす可能性をもっていた。また、すべての民族の活動があって「イギリス」の成立があるのであり、特定の民族活動のみが重要であるというわけではない。

## 先史時代

ブリテン島とヨーロッパ大陸とのあいだは、氷期と間氷期とで地続きとなったり分離したりしていたが、人類がブリテン島に最初にあらわれたのは前四五万年ころであった。彼らは、石核石器や剝片《はくへん》石器を使用し、南方から獲物や採集物を求めてやってきた。最後の氷期にはネアンデルタール人の文化をもつ旧人が移住し、ついで新人があらわれ、前一万年ころから動物を追って北上した。彼らは槍と弓矢を使い、狩猟犬を飼い、毛皮や革を身につけ、竪穴式住居に住んだ。住居趾からみつかる動物の歯からできた首飾りや腕輪などの装身具や動物の骨の表面に人・馬・魚などを描いた線刻は、ブリテン島最古の芸術である。

ブリテンは前六〇〇〇年ころまでには、大陸から分離して島になった。デンマーク・バルト海方面からきた人々が水辺での生活文化を伝え、漁撈もおこなわれるようになった。前四〇〇〇年紀には農耕・牧畜への移行があり、食糧の貯蔵が可能となり人口が増大した。伝えられた農耕技術は、先住民が受容することでブリテン島の大半に普及した。

前三〇〇〇年ころには、農耕とともに物資の流通も広範におこなわれた。コーンウォルの石斧をはじめ、ブルターニュ、北アイルランド、スカンディナヴィア、アルプス地方、イタリア産の斧も発見されている。また、土塁や濠で囲った広大な環濠地《かんごうち》や数十の遺骨がみつかる大規模な長塚の存在は、定着農耕民の連帯意識と剰余エネルギーの大きさを示している。

ビーカ人と呼ばれる戦士たちが前二十二〜前二十世紀に渡来し、戦斧や弓矢で先住民を征服したが、その社会を破壊することなく貴族層として支配した。このころブリテン島は青銅文化の時代にはいり、金属の武器・道具の使用は集団間の競合を激化させる。農牧生産が上昇するとともに、彼らにその名前を与えたビーカ土器は土器生産を刺激した。先住民もしだいにその文化を吸収し、前二〇〇〇年こ

ストーンヘンジの遺跡　巨石建造物として有名で，ソールズベリの北約13キロの丘原上にある。

ろにはビーカ文化は広範に広まった。

ビーカ人のあとにも人々の移動は続いたが、ブリテン島の人口はあまりふえず定住地も散在していた。前一五〇〇年ころまでに人口は約一〇〇万人に増大した。このころ渡来した人々は、すぐれた技術と装飾品をもち、職人または交易人、戦士また建設者でもあった。毛織物が生産されるとともに、前一〇〇〇年ころには製塩も始まっている。

しかし、農牧生産における停滞が生じ、それは土地、家畜、資源をめぐる争いを激化させ、首長と戦士層の権力を増大させた。それとともに、分立する領域的集団は一層強固な「部族」集団にまとまっていく。

今日見ることができる先史時代からの遺物として巨石建造物がある。これは一定の間隔をおいて巨石を環状に配列したもので、ウィルトシァのエイヴベリやソールズベリ近郊のストーンヘンジが有名である。しかし、こうした巨石建造物は、地中海沿岸や西フランス、スカンディナヴィアでも多数みられ、ブリテン島はこれら巨石文化圏に属していた。

建造時期としては、エイヴベリが前二〇〇〇年から前一六〇〇年のあいだ、ストーンヘンジが前二二〇〇年から前一三〇〇年の九〇〇年間に五段階にわたって建造された。ストーンヘンジ建設の第二段階で、南ウェールズの巨石をいかだで運んできたのがビーカ人であった。建造目的としては、天体運行や農耕時期を知るため、また太陽崇拝の場であったことなどが指摘されてきているが、なによりも、有力首長と彼らの集団が自己のアイデンティティを確認する象徴的な祭儀の場であった。

## ケルト文化

大陸では前八、七世紀に鉄製武器を使用する強力な戦士団が出現する。前五、四世紀になると、彼らは進んだ鉄器文化を発展させつつ、地中海沿岸とスカンディナヴィアを除く、ヨーロッパの大半をその政治的・文化的影響下にいれた。ギリシア人から「ケルトイ」、ローマ人から「ケルタエ」と呼ばれた人々、すなわちケルト人である。

ケルト人は長頭人種の北方系の民族で、アルプス以北の中欧、東欧にかけて広く分布していた。単一の種族でも、均一の文化をもっていたわけでもない。ケルト世界は、戦士に征服された伝統的文化をもつ多様な先住民が、支配者がもたらした文化と言語を共有するゆるやかな文化的世界であった。

そこには、文化的重層関係を指摘することができる。

ケルト人は前七世紀ころから民族移動を開始して、ガリア、イベリア、イタリア、バルカンに侵入し、ブリテン島へも第一波の移動があった。それは大規模な移動というより冒険的戦士集団の渡来であった。しかし、彼らはブリテン島へ鉄器をもたらし、それによって彼らの地位を確立していった。前四世紀には、二輪の軽戦車や武器・道具がもたらされ、ケルト人の文化的影響は各地におよび、しだいにブリテン島はケルト世界に組み入れられる。鉄の使用は道具の範囲と能力を拡大し、農業生産力を高めた。小麦の種類も多くなり二圃《にほ》制的農法も始まる。毛織物生産が拡大し養蜂もおこなわれ、集村的村落も出現した。住居の周囲に納屋や貯蔵穴が多いことは、穀物生産の増大を示している。

穀物はパンにするため臼《うす》でひかれ、ミード(蜂蜜酒)が水と発酵させた蜂蜜からつくられた。男女とも明るい色の服を着て赤色を好んだ。革製の靴やサンダルをはき、余裕のある人々はすばらしい細工の装飾品、宝石類、ブローチ、腕輪、首飾り、指輪を身につけていた。あるものはケルト職人がつくり、他のものはガラス容器やブドウ酒とともに輸入された。外国へは獣皮、奴隷、家畜、狩猟犬、金銀、コーンウォルの錫やサセックスの鉄など鉱物が輸出された。

ケルト人の伝えた鉄器によって農業面で豊かになり、それとともに人口が増加し、食糧の需要が高まった。さらなる土地や家畜を求めて部族間の対立や争いが生じる。争いの激化と繰り返しは、富を蓄積する者とそうでない者、支配する者と支配される者を生み出し、ケルト社会の身分制化を進めていった。また、部族間の闘争は緊張と動揺を引き起こし、防衛のための拠点を必要とさせた。

前一〇〇〇年代前半、丘陵上部を濠や土塁で囲んだ防衛拠点がつくられた。これは「丘砦《ヒル・フォート》」と呼ばれ、高さは一〇〜二〇メートルほどもある。「丘砦」は、前六世紀以降に三〇〇〇ほどもつくられた。ケルト戦士の到来と競合に対応し、小部族に分立していたケルト人の一時的避難場所または長期の占拠地であったと考えられる。

ケルト人の最後の移動は前二世紀末に起こった。ベルガエ人たちの渡来である。彼らはローマ人によってブリトネス(ブリトン人)と呼ばれ、ブリタニアがこの島の名称になった。前五八年ローマの指導者カエサルによる北ガリア進攻の圧力を受けて、ベルガエ人はブリテン島へと渡った。より進んだ鉄器文化をもたらし、重量犂《すき》の使用などで農耕生産量を増大させた。また、広大な土地を濠や土塁で囲んだ「オピドゥム」と呼ばれる集落を形成する。そこには住居、墓、畑、そのほかに牧場、市場、造幣所まであったようである。首長や戦士貴族の墓の副葬品(たとえば宝石、武器)からは、当時のケルト社会における身分制の進行が推測できる。

前ローマ時代のブリタニアは三〇余りの部族が分立する社会であり、聖職者・戦士・従属農民などからなる身分制社会であった。ケルト人は文字をもたないが、その社会はギリシア人やローマ人の書いたものや、考古学の研究成果によって再現できる。発掘品から知られるのは、彼らが、二輪の軽戦車、曲線模様で飾られた武器や道具をもち、木製の皿や鉢の表面に渦巻き・唐草模様をほどこしていることである。美しい曲線の抽象的模様はまた、戦闘用の楯や剣柄、青銅製の鏡の裏面、宝石箱の蓋《ふた》を飾った。

ケルト人たちは、賢者で占星家、また預言者でもあったドルイドたちから、神々、魂の転生について聞いた。ドルイドたちは、オークにつく宿り木のもと、月光のなかで儀式をおこない、犯罪者や奴隷を神々の犠牲《いけにえ》として捧げたという。

### ローマの支配

大陸ではローマ帝国によるガリア遠征がおこなわれていたが、指揮官カエサルは、ガリアを支援するブリタニアに圧力をかけるため、前五五年と翌五四年に攻撃を加えてきた。一度目は、数千人の兵とともにドーヴァ近郊に上陸したが、ブリトン人の戦車戦法にてこずりガリアに引き揚げてしまった。二度目は、ヘリフォードシァまで進軍したが、ローマ帝国への貢税を約束させると、人質と捕虜をつれて帰還した。これ以後、一〇〇年間攻撃を受けない時期が続く。

ブリテン島は、産出する鉱産物と奴隷の供給地として注目を集めていたが、紀元後四三年クラウディウス帝(在位四一～五四)は四万～五万の大軍を送り、ローマの重装歩兵でブリトン人の戦車戦法に勝利する。クラウディウスはブリテン島に滞在中、ブリトン人の拠点のひとつコルチェスタを占領した。さらにローマ人は、ドルイド信仰の本拠アングルシ島を攻撃し、ブリトン軍を壊滅させた。

**ローマ軍の砦跡**　124年ころ，「ハドリアヌスの壁」にそって12の砦が建設された。

ブリトン人の抵抗は激しく、東南部のボアディケア王妃の反乱ではコルチェスタやロンドンで住民が殺され、町は炎につつまれた。しかし、彼らの抵抗は長くは続かず、ローマ軍は高地地域にまで進出し、一世紀末にはこの島の大半を占領した。

ローマの支配に最後まで抵抗したのが、カレドニア（スコットランド）のピクト人であった。ハドリアヌス帝（在位一一七〜一三八）がブリテン島を訪れて北方防備の必要性を感じ、一二二年に着工させたのが、ニューカースルからボウネスまで全長約一一六キロの「ハドリアヌスの壁」である。その一部は、ブリテン島におけるローマ期のもっとも印象的な歴史的建造物として今日まで残存している。

ついでアントニヌス＝ピウス帝（在位一三八〜一六一）は、ブリタニア北部辺境の再調査を命じ、フォース湾からクライド湾を結ぶ新しい壁を建設させた。この壁の全長は約五〇キロであったが、両方の壁を守るにはローマの兵力は不足していた。そのため「ハドリアヌスの壁」を最終的国境とするとともに、ローマの防衛政策は「外民族をして外民族の侵入にあたらせる」政策へと転換していった。

ブリタニアには、三つのローマ軍団と多数の補助兵力が配置されていたが、皇帝直轄の属州としてローマ帝国の属領のなかでも重要視されていた。最高位の執政官である総督も行政・軍事の経験豊かな人材が多かった。

ローマ人はブリタニア統治にあたり、できるだけブリトン人の伝統的な社会制度を活用していく。ローマ市民と退役軍人の都市「コロニア」、自治都市でローマ市民権を与えられた「ムニキピウム」に加えて、ブリテン古来の部族集落を「キウィタス」としてかなりの自治を認めたのである。ブリトン人たちに半自治を与えながら貢税させるためであった。しかし、このことは、一見ローマ的でありながら、ブリテン古来の伝統的諸制度を温存させていくことになった。その意味では、ここにも支配における重層的関係が存在していたのである。

ローマ人のブリタニア支配の理由のひとつに、ブリテン島の豊富な資源があげられる。それはまた、大陸に展開するローマ軍のための補給地とみなされた。ローマ人に続くアングロ＝サクソン人やデーン人の行動が、一過性の襲撃から定住へと移行していったのも、こうしたブリテン島の豊かさをぬきにしては考えられない。紀元二、三世紀には「ローマの平和」が維持され、ブリテン島はその豊富な鉱産物をローマに送り出していた。

しかし、三世紀になるとローマの支配にもかげりがみえ始める。アングロ＝サクソン人を主とするゲルマン諸民族が海をこえて侵入してくる。三六八年と三八三年に「ハドリアヌスの壁」は、北からの諸部族によって攻撃され、歩哨の兵たちが殺戮《さつりく》された。大陸でもローマ帝国は崩壊しはじめていた。三九五年、ローマ帝国は東西に分裂し、大陸でゲルマン諸民族が移動を開始すると、それに対処するために、ブリテン島のローマ軍団はつぎつぎと大陸に派遣されたが、そこで壊滅的な打撃を受けてしまった。

ローマ支配の弱体化とともにピクト人、スコット人が北方から侵入してきた。これを契機に、帝権争いや経済的衰退などに起因する、ローマ帝国にたいするブリトン人の不満が高まり、これまでローマの収奪にあえいでいたブリトン人の農民も反乱に立ち上がった。

ブリテン古来のものを認めながら軍隊の力でおさえる、この二つの方法で約三七〇年間ブリテン島を支配してきたローマ人の支配にも終わりがきた。サクソン人、ピクト人、スコット人の来襲にたいしては外民族をして外民族にあたらせながら、政治面では官僚機構の肥大化が起こり、社会的不安も増大していった。ローマ帝国内でも内紛が起こるなか、西ローマ皇帝ホノリウスは、四一〇年、諸都市に自衛を命じ、自らの手によるブリテン島の防衛を放棄してしまった。「ローマン＝ブリテン」時代の終わりである。

## ローマの遺産

今日「ローマン＝ブリテン」という場合、われわれは何をイメージするであろうか。しばしば「ハドリアヌスの壁」、ローマ人がつくった道路網、さらにローマ的都市が語られる。約三七〇年にわたる長期のローマ支配の本質はその軍事支配にあった。ブリテン島には、ローマ人の重装歩兵を主体とする三つの軍団と非ローマ市民からなる補助隊がいたが、ローマ軍団のなかには戦士集団ばかりでなく、工兵の能力をもつ技術者集団がいたことも見逃せない。彼らは道路、橋、そしてローマ的都市を建設していった。

ロンドンを中心に四本の幹線道路が建設され、道路網の全長は一万キロに達した。これらの道路は石で舗装《ほそう》された堅固なものが多く、修復を加えながら十八世紀ころまで運搬・移動に使用された。今日の道路でもかつてのローマの道路を利用している場所は多い。こうした道路にそって八〇以上ものローマ式の都市が建設された。

現在のイギリスの地名で語尾に「―(セ)スタ」(グロスタなど)、「―カスタ」(ランカスタなど)、「―チェスタ」(マンチェスタなど)をもつ場所は、軍団駐屯地を意味するラテン語の「カストルム」に由来し、そこにはローマ軍団の分隊が駐屯していた。

ローマ的都市は、格子状の街路をもち、市場、神殿、役所、公共浴場、円形劇場などを備えていた。こうした都市は水道や暖房設備も備えた快適な生活を提供し、ブリトン人の有力者たちもそれを楽しんだ。

ローマの支配を象徴的にあらわすのに「点を線でつなぐ支配」といわれるが、点は軍団の駐屯地（都市）であり、線がそれらを結び、第一義的には軍隊を移動させるための道路網であった。しかし、同時に、こうした道路は軍隊のみでなく、一般の人々、各種の物品やローマの文化・宗教をも伝え移動させる機能をもっていたことも忘れてはならない。

都市近くの農村には、ローマ人やローマ化したブリトン人の大土地所有者の大農場経営の中心であるウィラがみられ、今日、約七〇〇の遺跡が発掘されてきている。周囲に農民の小屋、畜舎、納屋、農牧地を配し、中心には居館があった。居館は、簡素な一階建ての建物から石やスレートづくりの壮大な館まであり、そこではローマ文化の恩恵を受けた快適な生活が営まれた。

発掘品から再現される生活はつぎのようであった。人々はローマ風スタイルのトガを身につけ、革製の靴やサンダルをはいていた。寒い気候のなか、斑岩《まだらいわ》・大理石・青銅の装飾品やテラコッタの小像などを飾った部屋は、モザイク模様の床の下にある熱風管で暖房されていた。食堂には青や琥珀《こはく》色のガラス皿や容器、銀製の皿・ナイフ・スプーン、油ランプや燭台があった。寝室には、化粧台に鏡とツゲ櫛《ぐし》、香水ボトル、耳かき、マニキュア・セット、紅入れ、イァリング、腕飾りなどがあった。さらに、輸入されたワインやオリーヴ油、エジプトのカーペット、東洋の絹・胡椒《こしょう》・香料が生活を豊かにしていた。

しかし、ローマ式の都市とウィラを除けばブリトン人はそれまでどおりの生活を送っていた。そして、農牧生産の大部分は、ブリトン人首長・貴族に支配される一般農民の農牧地でおこなわれていたのである。こうしてみると、けっしてローマ支配の重大性を軽視するものではないが、伝統的なブリトン古来の集落を存続させながら、それをローマ的都市の一形態として容認した点といい、この時期の支配の実質は、いわば「ローマン＝ブリティッシュ」体制であったといえるであろう。

ブリトン人とローマ人との相互影響が強くあらわれたのが宗教である。ローマ人は、かつて反乱を起こし抵抗の精神的支柱であったドルイド教を除いてブリトン人の信仰には寛容であり、ローマ人の多神教とブリトン人の土俗信仰は併存・融合した。たとえば、ブリトン人の治癒《ちゆ》の精とローマの知の神が融合して「スリス・ミネルファ」となった。「ハドリアヌスの壁」近くの砦に祀られたローマ以外の神の存在は、その地にローマ人以外の外民族の兵がいたことを示唆している。

キリスト教は、二世紀末までにローマの軍隊や商人たちによって持ち込まれ、三世紀には各地で信仰されていたが、布教の過程で殉教者もでた。しかし、三一三年ミラノ勅令による公認後は広く普及する。ローマ末期社会の不安や動揺、またロンドンを中心とする道路網の整備と人の移動などもキリスト教拡大の要因であった。その影響の大きさは、都市やウィラの遺跡で発見された指輪やモザイク画など考古学的証拠でも裏づけられる。

## 2　王国統一への道

### アングロ＝サクソンの移住

五世紀の前半には、ブリテン島はローマ支配の終末をむかえ、やがてアイルランドからきたケルト人であるスコット人の定着が始まる。以前から、スコット人は、アイルランド海をこえてブリテン島に来襲し、財宝や人身の略奪を繰り返していたが、そうした一過性の襲撃から定着へと移行し、ブリテン島において王国を形成していく。それは、ローマ人が自力でブリタニアを防衛・支配できなくなったとき、「外民族をして外民族の侵入にあたらせる」政策により、スコット人を同盟者として自立することを認めたからであった。

また、ローマ人の支配が弱まったブリタニアでは、それまで支配下にあったブリトン人の諸部族が自立して小王国を形成していく。五世紀前半ガリアのオーセール司教ゲルマヌスが二度来島しているが、残された『ゲルマヌス伝』からは、当時の社会が混乱していたのか平和であったのかを確定することは困難である。しかし、アングロ＝サクソン人の侵入はまだ小規模で、ブリタニアは小康状態にあった。

アングロ＝サクソン人は二、三世紀ころにも散発的に来航していたが、その侵入は五世紀前半から本格的になり、約一世紀半続いた。アングロ＝サクソン人とは、大陸の多地域からブリテン島の対岸付近に集結していたアングル人、サクソン人、ジュート人、フリースラント人など、西北ドイツからユトランド半島まで出身地の異なるゲルマン民族を総称したものである。出身地については、ベーダの著作『アングル人の教会史』（七三二年ころ）の記述内容を確認する考古学的な遺跡・遺物の発見により証明されている。

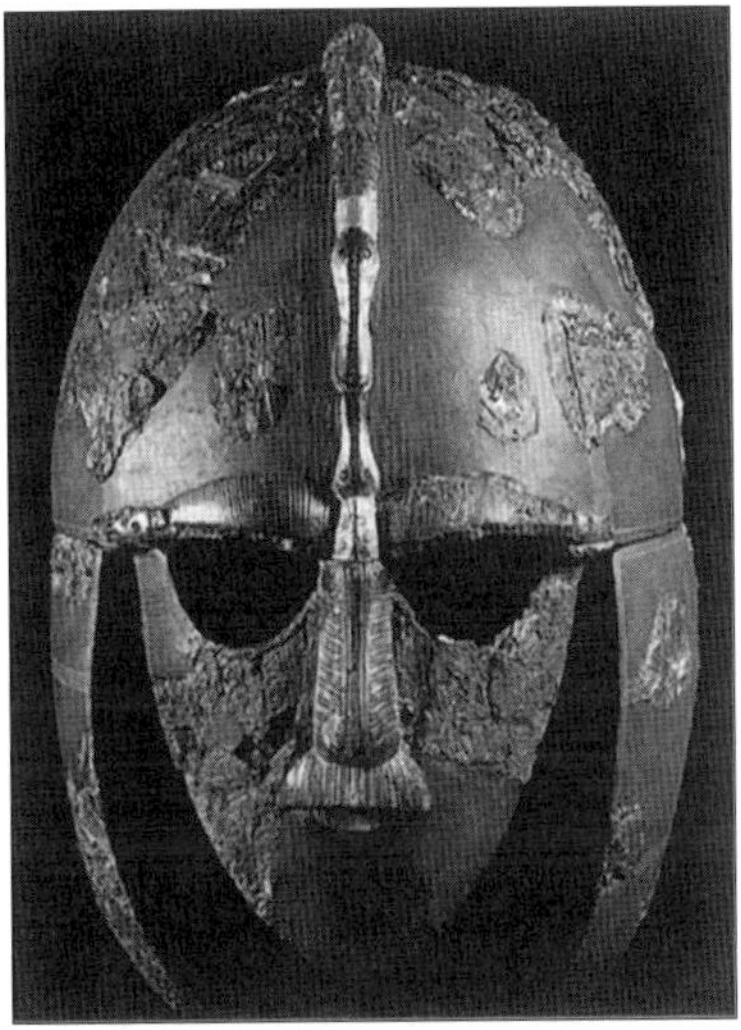
戦士のヘルメット　サフォークのサトン＝フーで発掘されたアングロ＝サクソン王の舟塚から出土したもの。

アングロ＝サクソン人の定着のきっかけは、ブリトン人たちの宗主ウォルティゲルンが、ピクト人やスコット人の攻撃に対抗するため、アングロ＝サクソン人戦士たちを招いたことに始まる。このローマ人のやり方にも共通する「外民族をして外民族にあたらせる」政策は、自民族の負担を最小限におさえることができたが、逆に、招かれた民族の反乱を引き起こしたり、彼らが出身地からさらに仲間をつれてくるおそれがあった。アングロ

＝サクソン人の場合も、それが現実になった。

当初、アングロ＝サクソン人の侵入・定着は大規模集団によるものではなかった。考古学的発掘で発見された船は、せいぜい四〇人くらいしか乗れないものであり、そのことからも大規模集団による移動は考えにくい。戦士たちの従士集団ごとの移動であろう。アングロ＝サクソン人の移動の場合も、戦士団の冒険的来航から一般人の渡来・定着へと二つの段階をへていることに注目すべきである。さらに、ブリテン島の豊かさがアングロ＝サクソン人の定着への変化を引き起こしていた点も見逃せない。

侵入してきたアングロ＝サクソン人と先住のブリトン人のあいだで闘争がおこなわれたが、その過程で形成されたのが、ブリトン人の英雄「アーサー王」の伝説である。アーサー王の生存についての確証はない。しかし、五世紀後半に勇敢な活躍をしたブリトン人の指導者がいたことは、ほぼ疑問の余地がない。彼に関連した地名は、「悪魔」の名前をもつ地名についで多く、ブリテン島のいたるところでみいだされる。アーサー王の宮廷キャメロットがあったとされるサマセットのカドベリ＝カスルと、彼の生地とされるコーンウォルのティンタゲルでは、近年、類似の陶器片が発見されている。

アングロ＝サクソン人との闘争過程で、ブリトン人たちはバドニクスの丘で大きな勝利をえた。アングロ＝サクソン人が敗れた結果、五世紀後半から約半世紀間、彼らの侵入は停滞する。これは、たんにアングロ＝サクソン人がブリテン島に来航しなくなったのみでなく、彼らの本拠地側にも移動を不要とする状況があったのかもしれない。

　六世紀にはアングロ＝サクソン人の自立的部族国家が成立する。侵入を再開したアングロ＝サクソン人たちは、ブリテン島東部へ定住してイースト＝アングリア王国を、ミドランズ中北部に定着してマーシア王国を成立させていく。六世紀末までにはアングロ＝サクソン人は西部のウェールズを除いてブリテン島の大部分を制圧した。こうして、彼らは東部、中部、南部を占領し、「アングル人の土地」という意味の「イングランド」を形成していく。アングロ＝サクソン人は移住にともないブリトン人を追いやり、彼らの支配するイングランドと外側のブリトン人たちの周縁部分という構図ができあがった。

　西へ追いやられたブリトン人たちは、コーンウォルやデヴォンまでたどり着き、さらに海を渡ってフランスのブルターニュ地方に住み着く。このブルターニュとの面積の対比から、ブリテン島をさして「グレイト・ブリテン」とする。

　ところで、アングロ＝サクソン人がもっとも侵入・定着した東部でさえ、地名や大きな河川名などがブリトン語のままであり、ブリテン島の全面的なアングロ＝サクソン化があったとはいえない。むしろ、アングロ＝サクソン人とブリトン人との結婚などにより、地域差はあるものの同化・融合が進み、いわば「アングロ＝ブリティッシュ体制」ともいえる状態であった。

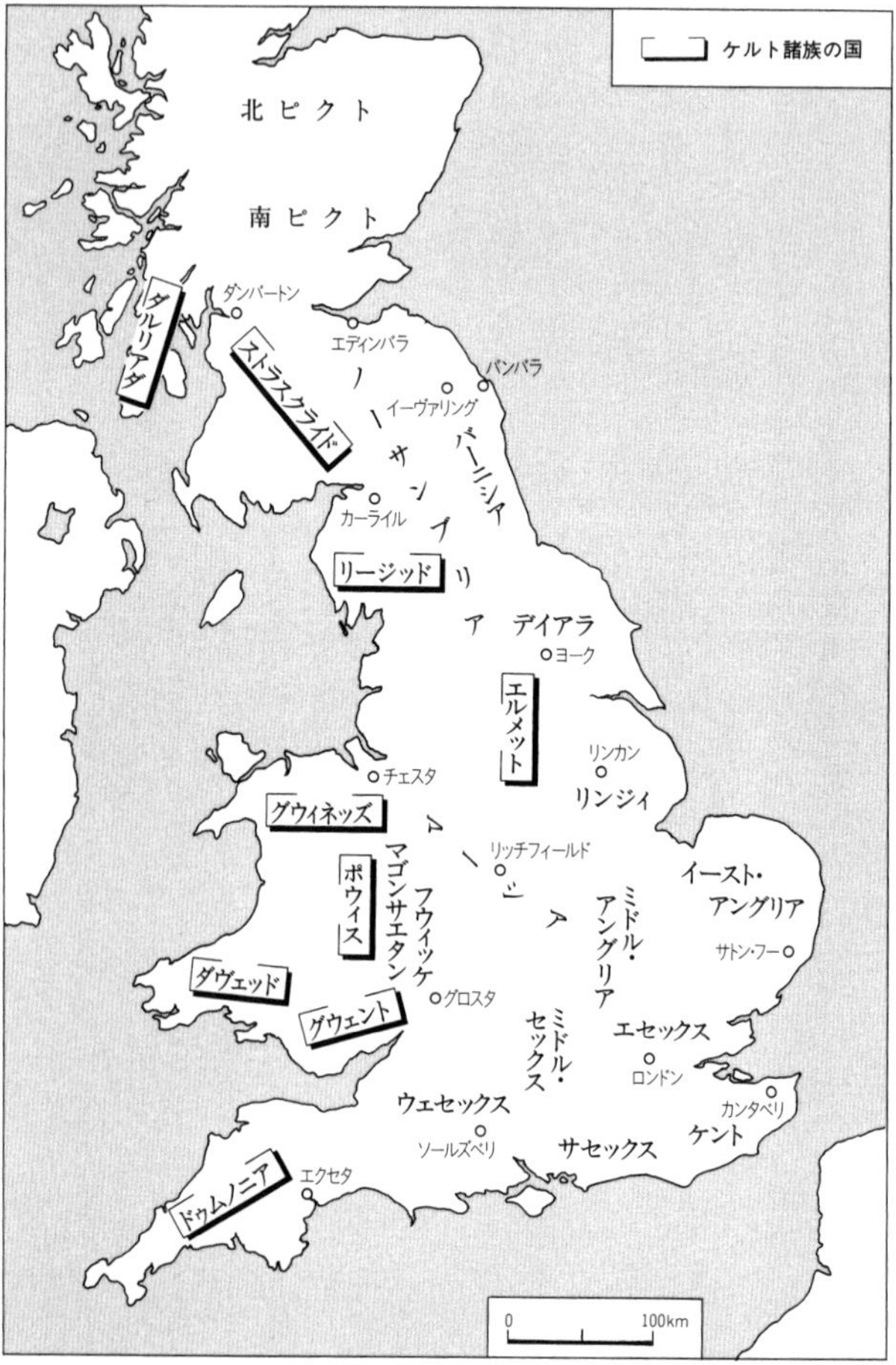
ケルト諸族の国
北ピクト
南ピクト
ダルリアダ
ダンバートン
ストラスクライド
エディンバラ
バンバラ
イーヴァリング
ノーサンブリア
バーニシア
カーライル
リージッド
デイアラ
ヨーク
エルメット
リンカン
リンジィ
チェスタ
グウィネッズ
マーシア
リッチフィールド
ポウィス
マゴンサエタン
フウィッケ
イースト・アングリア
ミドル・アングリア
サトン・フー
ダヴェッド
グウェント
グロスタ
ミドル・セックス
エセックス
ロンドン
カンタベリ
ウェセックス
ケント
ソールズベリ
サセックス
ドゥムノニア
エクセタ
0
100km

7世紀の諸王国

## イングランドの成立

ブリテン島に侵入・定着したアングロ＝サクソン人は、最初はブリトン人と同様に多くの部族国家に分かれていたが、しだいに統合していく。七世紀初めには約二〇の諸王国が分立・競合していたが、八、九世紀ころには七つか八つの王国となり、ついには「七王国」が出現するにいたった。この七王国を構成したのが、ノーサンブリア、イースト＝アングリア、エセックス、ケント、マーシア、サセックス、ウェセックスであった。

北部ではノーサンブリア王国がその国境を西方へと拡大する。南部では、ウェセックス王国が南・東サクソン人の土地とともにデヴォンとコーンウォルを支配した。他方、ミドランズでは、マーシア王国が広大な地域に支配をおよぼし、八世紀末まではオファ王(在位七五七〜七九六)が、実質的にイングランドの中部、南部、南東部を支配する。彼はウェールズとの国境に一九三キロにおよぶ「オファの防塁」を築き、国内では法典を編纂し、また銀ペニ貨幣を発行して商業の復興につとめた。オファは、諸王分立のなかでの軍事王権から支配下の国土・人民を組織的に把握する統治王権への移行をめざしていた。

部族国家の並立状態のなかから、やがてウェセックスが頭角をあらわす。ウェセックス王エグバート(在位八〇二〜八三九)は、ブリテン島に侵入してきたあらたな敵ヴァイキングにたいし、七王国をまとめながらイングランド防衛にあたった。その間、九世紀の初めにはマーシアを破り、トレント川以北にたいしても権威をおよぼした。八二九年、ノーサンブリア人たちが宗主としてエグバートを受け入れたとき、ひとつのまとまった国家がつくられた。イングランドの成立である。しかしながら、異なった王国の連合は非常にゆるやかなもので、エグバートの支配は確固としたものであるとはいえず、中央統治機構も、ヴァイキングを負かすのに十分な訓練を受けた軍隊を徴集する組織も整っていなかった。

アングロ＝サクソン人の社会には、貴族、平民、奴隷という身分が存在していた。貴族は、当初戦士団をくんでブリテンへ渡来した首長・従士の出身であった。ある者は「エァルドルマン」と呼ばれ、かつて小王国が分立・競合するなかで大首長（王）のもとに組み込まれた小首長であった。彼らは、王から地方の行政・司法・軍事等の権限をゆだねられた。これがのちの「伯《アール》」の語源である。他の者は「セイン」などと呼ばれ、かつては大小首長の従士であった。貴族の指導的地位にいたのがキニング（王）であって、貴族や聖職者などで構成される「賢人会議」の意見をいれて裁判や政治をおこなった。

平民をなす一般農民「チェオルル」は、完全に独立自由の農民戦士とはいえず、「自由民」ではあったが、むしろ大土地所有者の貴族に従属し収奪された農民である。アングロ＝サクソン人の農民は河川沿いに内陸にはいり、森林を切り開いて村落を形成、定着していった。彼らは有輪重量犂《すき》を使用しながら、七〜八世紀には、河岸低地の肥沃な土地に、高度な生産力をもつ新しい農牧を展開しつつあった。

アングロ＝サクソン社会には、一般農民とともに大量の奴隷がいた。アングロ＝サクソン人とブリトン人との闘争や七王国間の内戦は大量の奴隷を生み出し、債務や刑罰も奴隷をつくった。七〜八世紀には奴隷売買が盛んであり、王や貴族は、鍛冶《かじ》、工芸、裁縫などをおこなう家内奴隷をかかえていた。

## キリスト教の普及

イングランドを文化的にも統一に向かわせたのがキリスト教の普及であった。ローマン＝ブリテンにおいてキリスト教化しつつあったが、ゲルマン的自然崇拝の信仰をもつアングロ＝サクソン人の侵入によって、ふたたび異教の地となった。しかし、ブリテン島の周辺地域のブリトン人たちに普及したキリスト教は、かなりな程度に残存していった。

アングロ＝サクソン人の諸国家がしだいに統合されて七王国が出現してくるころ、キリスト教のあらたな布教活動が開始された。六世紀末、ローマ教皇グレゴリウス一世は、ベネディクト派修道士アウグスティヌスを布教のためブリテン島へ派遣した。王妃がすでにキリスト教徒であったケント王エゼルベルフトにむかえられたアウグスティヌスは、同王を改宗させることに成功し、カンタベリに最初の教会堂を建てることができた。また、彼は「アングル人の大司教」として六〇一年に叙階される。当時の布教方法が、個々人にたいしてではなく、まず国王に布教し改宗させることで、国内の人々を

『リンディスファーン福音書』の彩飾ページ　ケルト美術に特有の繊細複雑な螺旋《らせん》や織り模様の曲線を駆使している。

キリスト教化するというものであった点に注目すべきである。

その後の伝道士たちの活躍もあって、キリスト教はアングロ＝サクソン人の世界にしだいに広まっていった。しかしながら、ローマ教会には、アングロ＝サクソン人異教徒の改宗とならんで、その布教過程において解決すべき課題があった。すなわち、アウグスティヌスの布教以前に、北の方からはいってきたケルト系キリスト教との宥《ゆう》和《わ》であり、また教会組織を確立することであった。

アングロ＝サクソン人の侵入で北西部に逃れたブリトン人のあいだにケルト系キリスト教が普及しており、とりわけ六世紀にスコット人の修道士コルンバヌスの活躍もあって、アイオナ修道院やリンディスファーン修道院を中心とした布教活動が、北から進められていた。

ローマ系とケルト系のキリスト教の宥和は、両者の教会組織や教義をめぐる立場の相違ゆえに困難であった。ローマ教会は司教の管轄区を重視したのにたいし、ケルト系では修道士でもある司教のもとで教区はそれほど明確ではなかった。復活祭を決定する暦をめぐる相違もあった。とりわけノーサンブリアでは、国王の交代にともないローマ系からケルト系への移行がみられたこともあって、両者が併存する状態が生じていた。

こうしたなか、六六四年にウィットビで開かれた教会会議は、議論の末、ローマ系キリスト教を公認する。その結果、イングランド教会はローマ＝カトリックの世界へ、すなわちヨーロッパの本流へと組み入れられることになった。

また、同教会会議ののち、司教区組織の整備が進んだ。七世紀から八世紀にかけて司教座制度の拡充が進められ、南部にはカンタベリを中心に一二の司教区が、そして北部にはヨークを中心に四つの司教区がおかれることになる。さらに、カンタベリ大司教となったテオドロスは、六七二年ハートフォードで、統一イングランド教会の第一回教会会議を開催し、いまだ達成されていない政治的統一のモデルとして教会的統一を示した。

各時代ごとに外民族の渡来がイングランド史の方向を決定していったことと、必ずしも同列に論ずることはできないかもしれないが、ローマ系の聖職者たちによる活動がイングランドの文化や宗教の性格を決定づけていった点が注目される。キリスト教への改宗は、たんに政治的統一を促進したばかりでなく、イングランドをゲルマン的異教社会からローマ的ラテン文化圏へと組み込んでいったのである。

　やがてイングランドは西ヨーロッパにおけるキリスト教信仰のひとつの中心地となり、「ドイツ人の使徒」ボニファティウスのように大陸への布教活動をおこなう者もでてくる。また、キリスト教聖職者との接触はブリテン島におけるラテン語の知識・使用を促進し、法典の編纂や各種の作品を生み出すことになる。そして、キリスト教の布教やアングロ＝サクソン世界について最良の史料を提供してくれる『アングル人の教会史』の著者ベーダや、フランク王国のカール大帝の宮廷で活躍したアルクィンなどがあらわれた。

### アルフレッドと王国統一

　イングランドが、ウェセックス王のエグバートによってゆっくりと統一国家へと発展しつつあったのは、ヨーロッパにおける第二次民族移動の時期であった。ブリテン島にもスカンディナヴィア半島を拠点とする北方ゲルマン系ヴァイキングが来襲してきた。彼らは、八世紀のなかばころからしばしばブリテン島に来襲し、各地で略奪をおこなった。

　『アングロ＝サクソン年代記』には、七八七年にドーセット、七九三年にリンディスファーン修道院が、デーン人と総称されるヴァイキングたちによって攻撃されたことなどが記述されている。デーン人たちの来航の理由としては、人口増加による土地不足、政治的亡命などとともに、渡航をうながす造船技術の発達や彼らの冒険心も忘れてはならないであろう。デーン人が海岸沿いの修道院を攻撃したのは、海岸防備の欠如と修道院の豊かさが原因であった。

九世紀には、デーン人たちは定住を意図するようになる。すなわち、彼らの場合も、一過性の襲撃から定着への移行がみられた。デーン人は、海岸地方から河川づたいに内陸部まで攻め入り定着していく。九世紀後半にはイングランド東北部は彼らの支配下にあった。

デーン人の侵入にたいしてアングロ＝サクソン勢力を結集して抗戦に立ち上がったのが、エグバートの孫のアルフレッド大王(在位八七一～八九九)であった。彼は、学者、立法家、戦士、国王、そして優れた政治家であった。彼の伝記作者によると、アルフレッドは、例外的才能をもち、敬虔《けいけん》で人間的、人々の福利のために献身的であり、学問において勤勉、戦闘において勇敢であった。とくに統治をおこたることなく学問を継続するために時間の有効利用を心がけ、そのために水時計を発明したと伝えられる。

アルフレッドの抗戦でデーン人に打撃を与えることはできたが、彼らを全面的に撃退することはできなかった。そこで彼は平和共存の道を選んだ。アルフレッドは勝利後の休戦で、デーン人の首長グスルムにキリスト教の洗礼を受けさせる。さらに、八八六年ロンドンを奪回すると、ロンドンからチェスタにいたるウォトリング街道の北東側の地域をデーン人の支配地として認め、そこではデーン人の法慣習がおこなわれるのを許した。これを「デーンロウ地方」という。イングランドのほぼ二分

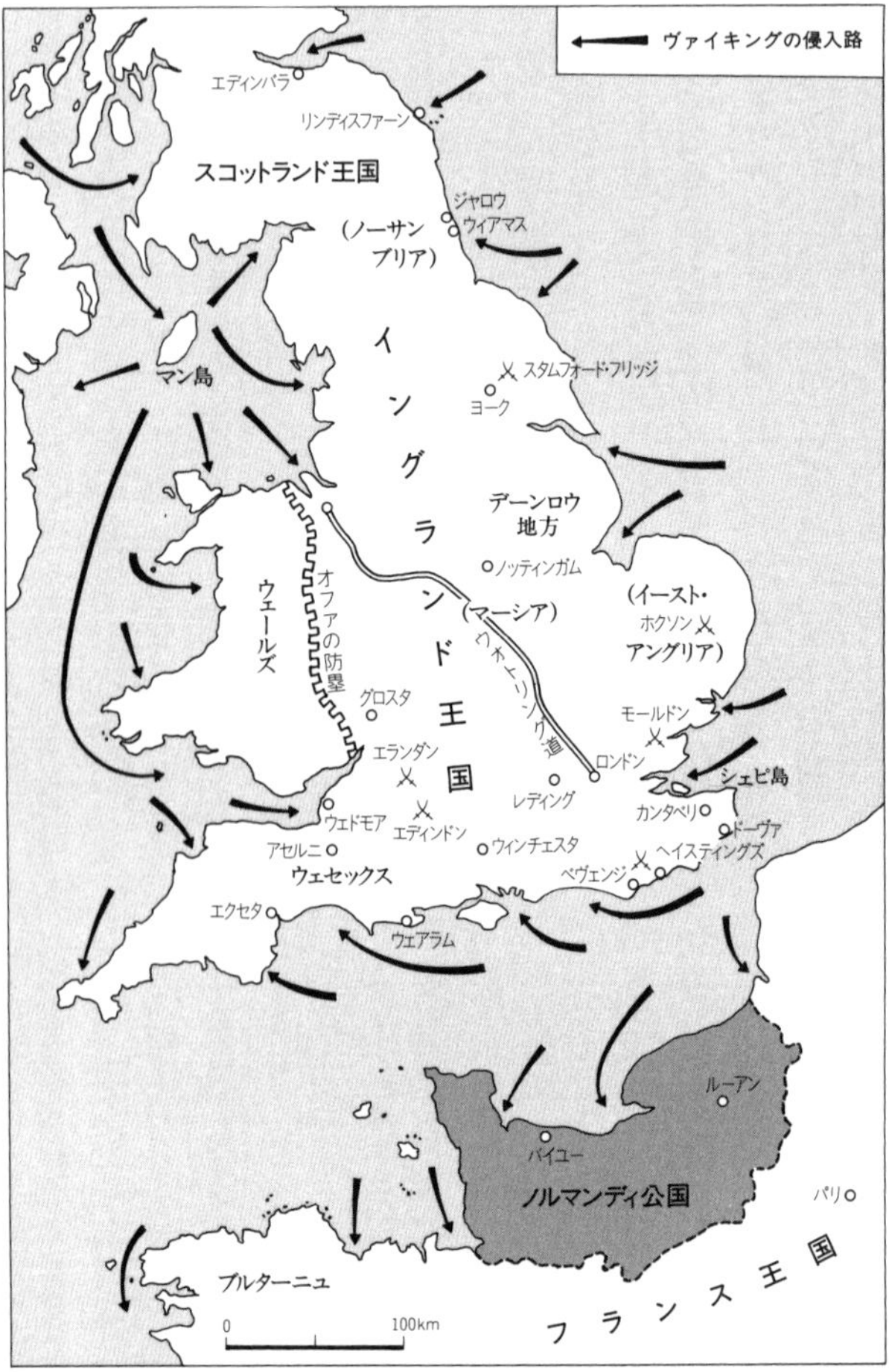

ヴァイキングの侵入路
エディンバラ
リンディスファーン
スコットランド王国
ジャロウ
ウィアマス
(ノーサンブリア)
マン島
イングランド王国
スタムフォード・ブリッジ
ヨーク
デーンロウ地方
ノッティンガム
(イースト・アングリア)
ホクソン
(マーシア)
ウォトリング道
オファの防塁
ウェールズ
グロスタ
モールドン
エランダン
ロンドン
シェピ島
レディング
カンタベリ
ウェドモア
エディンドン
ドーヴァ
アセルニ
ウィンチェスタ
ヘイスティングズ
ペヴェンジ
ウェセックス
エクセタ
ウェアラム
ルーアン
バイユー
ノルマンディ公国
パリ
ブルターニュ
0
100km
フランス王国

ヴァイキングの活動

の一の面積を占めていた。この地方でのさらなる地域差を強調しつつ、一枚岩的な「デーンロウ地方」の存在を疑問視する最近の見解もあるが、いずれにしても、アングロ＝サクソンとは異質な言語・風習がおこなわれることになり、イングランドの複合的性格を形成する一要素となった。

デーン人との平和共存策による平穏な期間に、アルフレッドは諸改革をおこない、デーン人による破壊を修復することにつとめた。軍隊を二分して交替勤務とし、築城・防衛のために人々を動員し、水軍を創設してさらに来航するデーン人たちを北フランスへと向かわせた。修道院の復興や宮廷・修道院学校の創設、法典や年代記の編纂なども促進した。

アルフレッドの後継諸王たちは、彼の事業を継続していく。「デーンロウ地方」の再征服は四分の三世紀をかけておこなわれた。そして、アゼルスタン王(在位九二四〜九三九)は統一王国の成立を自認して、「イングランド王」を自称することができた。

しかし、王国統一の完成期はエドガ王(在位九五九〜九七五)のときである。彼は、九七三年戴冠式をおこなうが、アングロ＝サクソン人やデーン人双方によって「イングランド人の王」として認められたのみでなく、スコットランドやウェールズの王たちによっても宗主として受け入れられた。エドガは、各地の所領を巡回統治しながら、シャイア(州)、ハンドレッド(郡)、タイジング(十人組)制などの地方統治組織を整備していく。さらに、十世紀なかばの修道院改革運動においては、ダンスタン、エゼルウォルド、オズワルドらの修道士出身司教たちに協力しながら、修道院慣行の統一をはかり、十世紀後半からの多くの改革修道院建設への道を用意したのである。

## 3　封建国家の成立

### 北海帝国と北欧商業圏

十世紀の末にはふたたびブリテン島にたいするデーン人の攻撃が再開されたが、エドガ王の後継者たちはデーン人と戦って撃退させるほどの戦意を喪失していた。国王エゼルレッド二世（在位九七八〜一〇一六）は、「デーンゲルド」と呼ばれる平和金を払って事態の打開をはかった。この「デーンゲルド」はきわめて巨額で、国王の意向は臣下たちに不人気であった。なぜなら、彼らは支払費用を用意するために重税を課せられたからである。

一〇〇二年エゼルレッドは、デーン人の攻撃に対抗するためノルマンディ公との提携をはかり、彼の妹エマと結婚した。このことは、のちのノルマンディ公によるイングランド征服のきっかけを与えることになる。結局、エゼルレッドはデーン人を追い払うことができないまま、病死してしまう。

これを受けて、イングランドに渡来していたデンマークの王子カヌートが、賢人会議に認められて、王として即位した（在位一〇一六〜三五）。以後二〇年間、イングランドはデーン人によって支配される。カヌートは、エマと再婚し、一〇一九年デンマーク王、二八年ノルウェー王、さらにスウェーデンにも支配を広げたので、イングランドはまさに彼の「北海帝国」の一部に組み入れられてしまった。こうして、イングランドの歴史には、また新しい北欧的な要素がつけ加わることになった。

カヌートは、四伯領のうち、ウェセックスを除く三伯領を有力貴族に委任した。そして、アングロ＝サクソン人とデーン人の両民族を平等に統治する。彼はまた、キリスト教の王として、ローマ巡礼をおこない、教会税を徴収し、聖職者に協力しながらデーン人改宗の活動を支援していった。

六〜八世紀のイングランドでは、アングロ＝ブリティッシュ体制ともいえる、先住民ブリトン人と征服民アングロ＝サクソン人との併存・同化・融合状態がみられたが、デーン人の定着後は、こうしたアングロ＝ブリティッシュ体制という土台の上に、あらたにデーン人との競合・併存・融合といった関係が重層的につくりだされていった。したがって、九〜十世紀のイングランド社会は、アングロ＝デーニッシュ体制によって特徴づけられる。そこでは、アングロ＝サクソン人とデーン人が平等な地位にあり、社会の上層・下層において通婚がみられた。

デーン人たちの侵入は、一時的に交易活動を停滞させることがあったかもしれないが、彼らは元来、商業活動をおこなってきた民族であり、平和が実現したときには、商業の復活に貢献していった。彼らは黒海、地中海から、スラヴ地域をへてバルト海、北海、大西洋にいたる広範な交易活動に従事した。いわば、南方の地中海商業圏にたいする北欧商業圏を形成していったのである。

また、この時期、デーン人の攻撃に対抗するために建設されていた数十の城市は、取引と造幣のための安全な場を提供した。多数の人々を集め商品集積に適した城市のなかには、都市的な発展をとげるものもでてきた。

デーン人侵入の脅威のもとで、統一王権が在地勢力を把握し、軍制、地方統治組織の整備を進めたのにたいし、地方勢力の側もそれに協力せざるをえなかった。こうして、十~十一世紀には、国制の組織化にともない、王権と地方有力者とのあいだに双務的な主従関係ができあがっていく。社会の基礎においては農奴制の形成へと向かいながら、社会の上層では、国王とエァルドルマン(アール)・司教など大貴族とのあいだ、さらに、彼らと下位の従士たちとのあいだには、しだいに明確な主従関係、すなわち「封建的」主従制が形成されつつあった。

### ノルマン=コンクェスト

カヌート王の死後、デーン人支配は急速に終わり、エゼルレッド王の息子でノルマンディに亡命していたエドワード(証聖《しょうせい》王、在位一〇四二~六六)が帰国・即位することでウェセックス王家が復興した。エドワードは宗教心があつく、大貴族対策が困難な国政よりもウェストミンスタ修道院の建設に関心を向け、しかも子供がいなかったため、その死後王位をめぐる混乱は不可避となった。

エドワード後の王位継承の候補者となったのは、王の義弟ウェセックス伯ハロルド、ノルウェー王ハーラル、そしてノルマンディ公ギョーム（ウィリアム）であった。それは、北欧のヴァイキングたちと、同じヴァイキングに起源をもちながらも、すでに西欧化・キリスト教化していたノルマン騎士の子孫との、イングランドをめぐる争奪戦でもあった。

一〇六六年、エドワードの死後、彼が埋葬された同日、同じウェストミンスタ修道院においてハロルドが即位した。彼が王位に就いた数カ月後の一〇六六年四月の末、天空にハレー彗星があらわれ、人々は異変が起こるのではないかと恐れおののいたと、『アングロ＝サクソン年代記』は伝えている。

ノルマンディ公ギョームは、ノルマンディ公ロベール一世の庶子《しょし》として生まれたが、若くして公位を継ぎ、ノルマンディ公国の整備につとめ、強力な重装騎士軍をもっていた。彼はエドワード王の遠縁にあたるが、ノルマン側の史料によると、王からイングランド王位を継承する約束をえており、さらにイングランド王位継承候補者の一人ハロルドがノルマンディにやってきて、ギョームに服従する誓いをなしたとされる。ギョームにしてみれば、これで自らの王位継承の条件は整ったとみていた。したがって、ハロルド即位の知らせに驚き、ただちにイングランド進攻の準備を始めたのである。

ギョームは艦船の建造を急がすとともに、イングランドに進攻するための騎士を集めた。彼の名声にひかれ、また多額の報酬を期待して、多くの騎士が集まった。さらに、ギョームはローマ教皇からも支持をえて、自分の進攻を正当化することができた。夏までには進攻の準備は終わった。しかし、気象条件の悪さが、一時、出帆を遅らせた。

ウィリアム１世(征服王)　彼の生誕地，ノルマンディのファレーズに建立された騎馬像。

その間、ノルウェー王ハーラルがヴァイキング戦士たちを率いてイングランド北部に上陸し、都市ヨークを占領した。迎え討ったハロルドは、九月二十五日、ヨーク近くのスタムフォード＝ブリッジでノルウェー軍を撃滅することができた。しかし、この戦闘の二日後に風向きが変わり、ギヨームは、七〇〇〇～八〇〇〇人の軍勢とともにすぐに出港し、九月二十八日、イングランド南部のペヴェンジに上陸した。

ヨークでこの知らせを受けたハロルドは、ただちに兵を南下させ、ヘイスティングズ近郊のセンラックの丘に陣を構えた。十月十四日、ノルマンの騎士軍にたいして、ハロルドの歩兵隊は密集戦法で対戦する。膠着《こうちゃく》状態ののち、ギョームは敗走するとみせかけて、密集を解いて追撃してきた敵軍の撃破に成功した。ハロルド自身も眼に流れ矢があたり、ついでノルマン騎士たちに切り倒されてしまった。丸一日にわたった激戦はノルマン側の勝利で終わった。

「ノルマン＝コンクェスト(ノルマン人の征服)」後に、ノルマンディのバイユ司教であったオド(ウィリアムの異父弟)が命じてつくらせたとされる「バイユのタペストリ」は、白のリンネルの生地に八色の毛糸で刺繍したもの(長さは約七〇メートル、幅五〇センチ)であるが、ハロルドの服従宣誓から戦闘場面まで「ノルマン人の征服」の経過をいきいきと描いている。

この戦闘後、ギョームはイングランドの南東部を制圧してロンドンにはいり、同年クリスマスにウェストミンスタ修道院でウィリアム一世(征服王、在位一〇六六～八七)として即位した。

### アングロ＝ノルマン王国

ノルマン＝コンクェストは、イングランド史の一大転換点であった。それは、ノルマンディをはじめとしてフランスの各地から集まってきた騎士たちによる、イングランドの征服であった。また、それによって成立したのが「アングロ＝ノルマン王国」である。

イングランドは大陸に本拠をもつ外来の封建貴族によって占領され、旧来の貴族は少数の例外を除

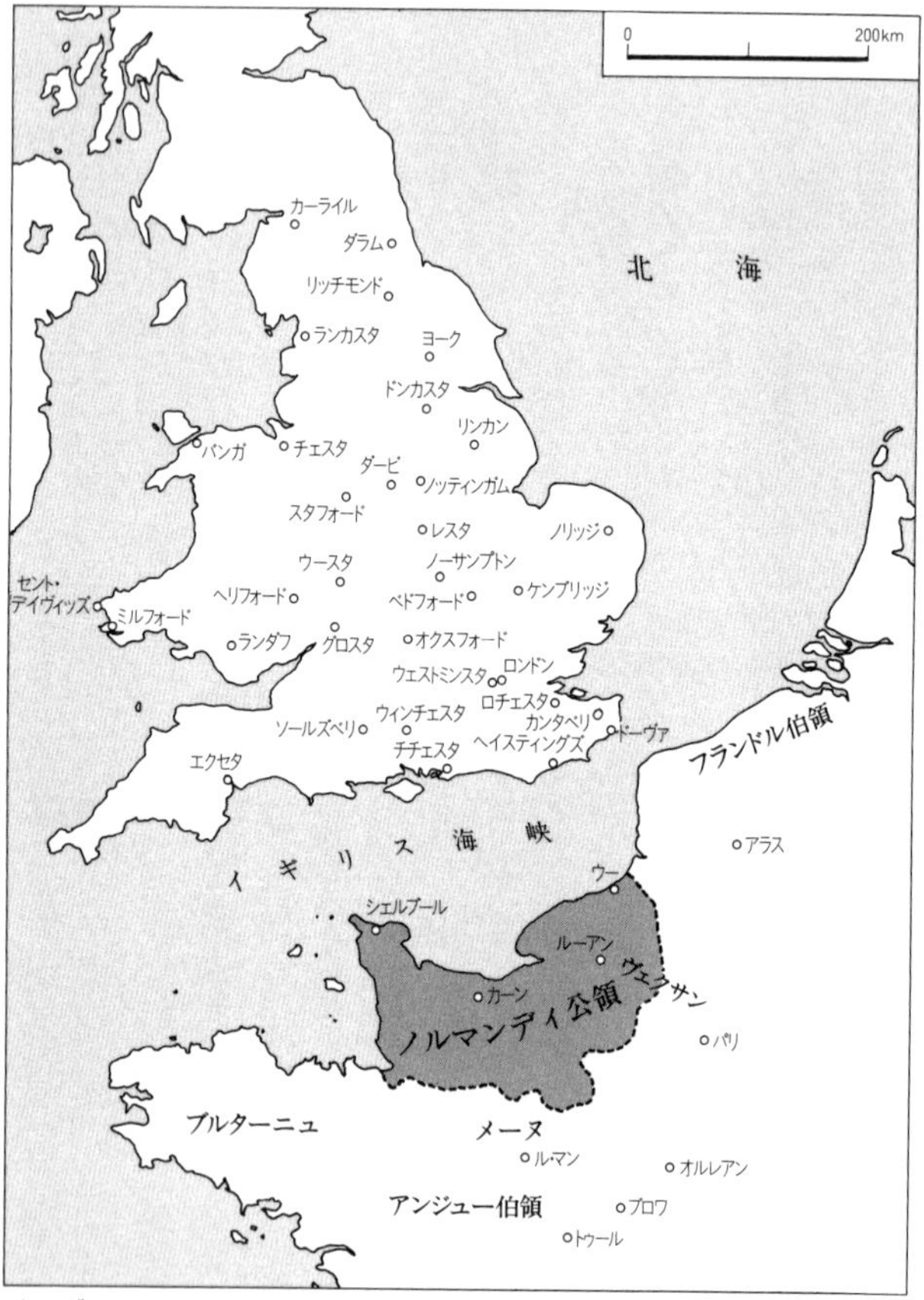
0
200km
北海
カーライル
ダラム
リッチモンド
ランカスタ
ヨーク
ドンカスタ
リンカン
バンガ
チェスタ
ダービ
ノッティンガム
スタフォード
レスタ
ノリッジ
ウースタ
ノーサンプトン
セント・デイヴィッズ
ヘリフォード
ベドフォード
ケンブリッジ
ミルフォード
ランダフ
グロスタ
オクスフォード
ウェストミンスタ
ロンドン
ロチェスタ
ウィンチェスタ
カンタベリ
ソールズベリ
ドーヴァ
チチェスタ
ヘイスティングズ
エクセタ
フランドル伯領
アラス
イギリス海峡
ウー
シェルブール
ルーアン
ヴェクサン
カーン
ノルマンディ公領
パリ
ブルターニュ
メーヌ
ル・マン
オルレアン
アンジュー伯領
ブロワ
トゥール

イングランドとノルマンディ

いて一掃されてしまった。それまでの征服活動と異なり、それは短時間、大規模、徹底的な征服活動であった。

ウィリアム一世はイングランドの五分の一にもおよぶ王領地を確保し、残りの半分を一〇人ほどの信頼できる聖俗大貴族に与え、彼らを反乱が予想される辺境地方に配置した。残る土地を約一七〇人のノルマン人貴族に与えたが、彼らが共謀して王権に反抗するのを恐れて、その所領を分散させた。騎士だけではなく、上位聖職者も大陸出身の人たちに取ってかわられた。支配者層がこれほど完全に交替することで、大きな社会的変動をもたらしたがゆえに、歴史の一大転換点であった。

つぎに重要なのは、イングランドに渡来した征服者たちは、いぜんとしてノルマンディに土地と権益を保有しており、大陸における封建制社会の展開と国家の形成に強い関心をいだいていたという事実である。

ウィリアムはイングランド王になったが、いぜんとしてノルマンディ公でもあり、英仏海峡を往来しながら両地域を統治していった。晩年の一五年間はノルマンディで過ごし、王権拡張を企てるフランス王フィリップ一世との交戦中に死去する。征服者たちにとって、あくまでも本拠はノルマンディであり、イングランドは、アングロ＝ノルマン王国の「属領」としての地位におかれることになった事実を見逃してはならない。

さらに、ノルマン＝コンクェストの結果、イングランドはノルマンディを基盤とする北フランス文化圏に含まれることになった。そのことは、大規模な文化受容の機会を提供した。征服者の中心は元来は北方系のノルマン人であったが、彼らはすでに生活慣習、言語、法制などの点でフランス化していた。したがって、以後、ノルマンディ方言を中心とする北フランスの言語を話す支配者たちが、ゲルマン系の古英語を話す先住民を支配することになった。ここに言語における重層的関係をみいだすことができる。

このように、アングロ＝ノルマン期には、言語だけでなくすべての面において、アングロ＝デーニッシュ体制のなかで育まれた在来のゲルマン・北欧系の文化と、新来のフランス・ノルマン系の文化が融合して、アングロ＝ノルマン体制のなかから、独自のイングランド文化があらたに形成されていくのである。その過程は、一方的なノルマン化の現象としてのみをとらえるのでは不十分であって、征服・移住者たちは、イングランドという特定の地域で自分たちも影響を受けながら影響をおよぼしていったという相互変容の過程としてとらえるべきである。

### 封建王制

ウィリアム一世はイングランドを統治するに際し、自分をエドワード証聖王の合法的後継者とみなし、戴冠式においてもアングロ＝サクソン人のヨーク大司教エァルドレッドに聖別させた。彼は、伝統的なアングロ＝サクソン制度を活用しながら財務・文書行政における継承をはかり、必要な場合にはあらたに追加・修正しながら国家機構を強化していく。

一〇七二年ころまでに南西部や北部を含めてイングランド全域を制圧したウィリアムは、反乱に加わったアングロ＝サクソン貴族の土地を没収して、臣下のノルマン人有力貴族や高位聖職者に与えていった。ノルマン＝コンクェスト後のイングランドで、国王にとっての理想的な封建制が成立したとされる場合、それは、イングランド全域が征服事業の勝利者として国王に即位したウィリアム一世の領有するところとなり、彼が自分の意思どおりに臣下たちに封土を与えていけたからである。

この過程で、国王から直接土地を授けられた者を直接受封者《テナント・イン・チーフ》、そのうちの有力者を諸侯《バロン》と呼ぶ。土地を与える代償として、ウィリアムは、彼が命じた場合には、諸侯たちは平時には年に四〇日、戦時には年六〇日、一定数の騎士を率いて参戦することを約束させた。

征服前のイングランドでも、かなりの封建化が進んでいたが、このような軍事奉仕はおこなわれていなかった。たとえば、征服前の騎士の存在が指摘されることもあるが、アングロ＝サクソン人たちは、戦場まで騎乗で移動する場合もあったが、戦場ではおりて戦った。また、征服前には教会・修道院にまで騎士の提供が義務づけられてはいなかった。こうした明確な軍事奉仕が導入されたことからも、ノルマン＝コンクェストはイングランドにおける封建制社会の成立を告げる事件であった。

しかしながら、イングランドの封建制社会、ならびにそれを基礎とする封建王政は、大陸のものとはっきり異なっている。すなわち、イングランドではきわめて集権的な性格の強いものになった。そのことは、つぎの点においてきわめて明確に示されている。

　第一は『ドゥームズデイ＝ブック（最後の審判の日の書）』という土地台帳の作成である。一〇八五年十二月、ウィリアム一世は、全国の所領調査を命じた。各州ごとに、征服時、受封時、そして現在について保有者の名前、保有関係、そして保有面積、犂の数、自由農民・非自由農民の数、共同地（森林、牧草地、放牧地）の面積、各所領の評価額、納税額、その潜在的な経済的価値などを詳細に調査して記録し、二巻にまとめたものが『ドゥームズデイ＝ブック』である。

　作成の目的は、所領の保有者・保有関係を把握して税収入を増加・安定させるとともに、所領保有に基づく騎士提供数を確認することで、デーン人の侵入に備えて軍事力を掌握することであった。当時の交通事情や調査方法を考慮すると、このような徹底的調査による土地台帳の作成が一年たらずで完了したことは驚異的である。これは、征服後の混乱した社会において自己の利益を王権に確認してもらうことを期待した土地保有者たち（とくに教会・修道院）が、調査に積極的に協力したからであるとされる。この点からは強力な王権の存在とそれを受け入れようとする姿勢がうかがわれる。

　第二は「ソールズベリ宣誓」と呼ばれ、一〇八六年八月、ウィリアム一世はソールズベリ平原に直接受封者だけでなくイングランドの地位あるすべての土地保有者を集めて、国王である自分へ忠誠の誓いをさせた。このとき、さきの『ドゥームズデイ＝ブック』の原版が国王に献呈されたと考えられている。この宣誓事件からうかがわれる封建王政は、国王が直臣のみでなく陪臣とも関係をもとうとするものであり、国民全体を直接的に把握しようとする意図をもつものであった。

このほか城郭建設・貨幣鋳造の規制や一般の人々に不人気であった国王御料林《ごりょうりん》の拡大などからも、この時期の封建王政の集権的性格が明示される。

## 国家と教会

ウィリアム一世はイングランド征服にあたって、ローマ教皇の承認をえていたが、一〇七〇年カンタベリ大司教となったランフランクと協力しながら統治をおこない、聖職者の道徳問題を中心とした教会改革を推し進めていった。しかし、ウィリアムは、教会にたいする「守護者」としての国王の伝統的な責務をはたしていたのであり、グレゴリウス七世がローマ教皇となり教権の俗権にたいする優越や俗人による聖職者任免の禁止を主張して、いわゆる「聖職叙任権闘争」を展開してくると、それがイングランドへと波及することを警戒した。そして、教会にたいする従来からの国王権限、たとえば国内におけるローマ教皇承認権、教皇からの書簡受理、司教の出国・上訴の承認権を主張しつづけた。


ウィリアム一世は、長男ロベールに世襲地であるノルマンディ公領を、三男ウィリアムに征服による獲得地イングランドの王位を、そして末子ヘンリには多額の金銭を残して死んだ。

ところが、イングランドとノルマンディを一人で支配していたウィリアム一世のときのように、両地域を一人で支配しようとするロベールとウィリアム二世(在位一〇八七〜一一〇〇)、そして両地域に所領をもち同様に一人の支配者を望んだ諸侯たちを巻き込んだ対立が引き起こされた。ウィリアム二世が、カンタベリ大司教アンセルムの教会改革推進の要請にもかかわらず教会会議の開催を認めず、聖職売買や聖職空位政策をおこなっていったのも、ノルマンディ併合を実現するための資金準備のためであったと考えられる。

ウィリアム二世は、ノルマンディ公ロベールが第一回十字軍に参加する資金を提供するかわりにノルマンディを託され、父王と同様に、一時イングランドとノルマンディをあわせて統治することができたが、ロベールが帰国する直前に狩猟中の流れ矢で死亡した。

ただちに即位したヘンリ(一世、在位一一〇〇〜三五)の王位継承にはロベールをはじめとして諸侯たちの反対も強かった。そこでヘンリは、「戴冠憲章」を発布して、ウィリアム一世の伝統を尊重することや諸侯との協調を約束した。

ヘンリは、アングロ＝サクソンの血を引く女性と結婚し、亡命中の大司教アンセルムを帰国させ、ローマ教皇とも妥協することで「聖職叙任権闘争」を終結するなど教会とも良好な関係を打ち立てた。さらに彼は、有力な諸侯をおさえるために、ノルマン系の「新人」役人を登用し、財務府《エクスチエカ》など中央統治機構の整備や法典の編纂もおこなった。このような改革は、一一〇六年ノルマンディを併合し、ふたたびアングロ＝ノルマン王国の一人支配を実現したヘンリが、イングランドを留守にすることが多く、国王不在中でも統治が可能な組織を整備する必要性からおこなわれた。

一一二〇年、ヘンリは長男ウィリアムを船の難破で失うと、神聖ローマ皇帝ハインリヒ五世と結婚し未亡人となっていた娘のマティルダを帰国させ、諸侯たちに彼女への忠誠宣誓をさせるとともに、ノルマンディ南のアンジュー伯に嫁がせた。

ヘンリ一世が死ぬと、甥のスティーヴン（在位一一三五～五四）が、前王の意向を無視して、一部の諸侯とロンドン市の支持をえて即位した。彼の弟で教皇使節でもあったウィンチェスタ司教ヘンリの働きもあって、イングランド教会も彼を支持した。マティルダはこれを認めず、イングランドは諸侯を二分する内乱状態になる。この内乱の過程で、両陣営が支持をえるために世俗諸侯や教会勢力に働きかけ、特権や所領を与えたことが、有力な諸侯の台頭と教会の地位の向上をもたらすことになった。

マティルダとその夫は死に、一一五三年、スティーヴンとマティルダの息子アンジュー伯アンリとのあいだに協約ができる。翌年スティーヴンが死ぬと、アンリが協約どおりイングランドの王位を継いだのであった。

# 第二章　アンジュー帝国

## 1　アンジュー帝国の成立

### ヘンリ二世の王位継承

一一五四年十月、スティーヴンの死が伝えられると、アンジュー伯家のアンリはイングランドに渡り、十二月十九日に戴冠してイングランド王ヘンリ二世となった（在位一一五四～八九、プランタジネット朝の成立）。彼はすでに一一五一年、フランス、カペー王家のルイ七世からノルマンディ公として認められ、その翌年にはフランス王と別れたばかりのアキテーヌ公の女子相続人イリナ（アリエノール）と結婚し、フランス南西部の広大なアキテーヌ公領を獲得していた。父の死後アンジュー伯となり、メーヌ、トゥレーヌを含む父の領土を相続していたうえ、ヘンリの弟ジョフロワはブルターニュのナント伯であったから、一一五四年イングランド王位の継承により、スコットランド国境からイギリス海峡を挟んでピレネー山脈にいたる広大な土地がひとつの家門によって領有されることになった(アンジュー帝国の成立)。

フランス王家にとってアンジュー帝国の成立は、国王支配領域の拡大、国王権威の浸透にたいする妨害要因であった。パリとその周辺地域を直轄領とするカペー家は、アンジュー家の領土と接するノルマンディ東部において一一四〇年代以降、武力衝突を繰り返していたが、これら両家は神聖ローマ皇帝、ローマ教皇そしてフランス諸侯との同盟、対立関係においても摩擦を起こしていた。一方イングランドにとっては、一〇六六年以来のフランス出身の国王によって統治される体制が、スティーヴン王時代の内乱ののちもなお継続することを意味した。海を渡ったのは王家だけではない。一〇六六年以後、ノルマンディ公に従って渡海し、イギリス海峡の両側に封土を有することになった大陸出身の諸侯たちは、イングランドでの封土にかんしてはイングランド王に、ノルマンディの封土にかんしてはノルマンディ公に封臣としての義務をおっていたから、両地の領有者が同一であり、両地が一体として領有されることを望んでいた。彼らの支持をえて、すでにノルマンディの領有者でもあったアンジュー家のアンリによるイングランド王位継承は、さしたる障害もなくおこなわれた。

ヘンリ二世によるイングランド支配は、これら海峡の両側に領地を有する諸侯の支持、フランス王との対立、そして皇帝や教皇の影響力のもとにおこなわれた。

## イングランド統治

広大な領土を支配するためヘンリは家臣団を率いて頻繁に巡回しなければならなかったから、イングランド支配のために割きえた時間と努力は限られていた。しかし祖父ヘンリ一世時代に着手されていた国家的統治のための機構や制度を活用し、変化した状況への独自の対策をとることによって、前代の内乱を克服し、安定したイングランド統治を実現することに成功した。すなわち王の不在時には行政長官が政務を統括し、国政の中枢機関としてウェストミンスタに固定された財務府《エクスチエカ》を機能させた。イングランド統治にかんするヘンリの改革のうち、軍事、地方行政、司法の施策は成果をあげた。

まずノルマン征服以後一〇〇年をへた一一六六年には、彼らが封臣たちに下封した騎士封の数などを報告させる一斉調査を実施し、土地の下封と軍役奉仕の交換を根幹とする封建的主従関係の実態を把握するための資料をえた。この調査に基づき、一一六八年には従軍しない封臣に、軍役奉仕を貨幣で代納させる制度を本格的に実施しはじめた。当時の戦争は主として大陸でおこなわれていたから、王は軍役代納金収入をフランスでの傭兵動員に用いた。このため封建制の軍事的側面は後退し、騎士の土着化が進んだ。一一八一年には自由人の武装義務を定める武装条例を定めた。その実態は不明であるが、封建軍以外の軍事力を王が動員できる体制を整えようとする意図がうかがえる。地方行政の改革をめざす調査として知られる一一七〇年の州長官《シェリフ》にかんする審問では、全国を数個の巡回区にわかち、数名の諸侯からなる委員会が、王の地方役人、諸侯の領地管理人、そして教会領行政担当者等の過去四年間の行状を調査させた。現存する調査記録が少ないため行政改革の効果のほどは不明であるが、この調査前後にかなりの地方役人が更迭され、王の宮廷成員《ハウスホールド》などが後任にあてられた。

独立して軍事力を有する私人間の契約によって成立する封建的主従関係は、横の連携を欠くため、私闘を生み、社会の無秩序を招いた。スティーヴン王時代の長い内乱は、この危険性を取り去るには諸侯たちは無力であることを示していた。すなわち十二世紀以降、ノルマン人騎士の土着化が進行するなかで、私人間の土地にかんする権利が錯綜し、それが紛争を生んだのである。この認識に立って、ヘンリは国王が主導権をとって紛争を平和的に解決するルールづくりをめざし、司法改革を積極的に推し進めた。土地領有をめぐる争いを最終的に国王裁判所で解決するよう命じた権利令状はヘンリ一世治世から知られていたが、権利を立証することの困難さから審理が長引く欠点があった。ヘンリ二世は封臣の義務不履行を理由とした封主による封土差押えに起因する訴訟にかんして、裁判の原則を定め(一一六六年のクラレンドン条令《アサイズ・オヴ・クラレンドン》および一一七六年のノーサンプトン条令《アサイズ・オヴ・ノーサンプトン》)、新侵奪不動産占有回復訴訟、相続不動産占有回復訴訟、世俗保有地自由寄進地保有確定訴訟、聖職推挙権回復訴訟などの手続法により、事実として確定しやすい短期占有《シーズン》を国王裁判所が保護する方針を打ち出した。このため封主の自力救済は法的に制限されることになり、中小の自由保有者にいたるまで国王の定めた法手続きによる利益がおよぶ道が開かれた。その際、国王裁判所における立証方法として事件発生地住民代表による事実認定、すなわち陪審制が採用された。

カンタベリ大聖堂の頂冠部　ベケットの廟の真上にあたる。イングランド・ゴシック建築初期の例。

一一七〇年代前半にはその後のイングランド国制に重大な影響をおよぼす二つの事件が発生した。ひとつは国王裁判権と教会裁判権の管轄分野をめぐって生じたカンタベリ大司教ベケットの暗殺であり、もうひとつはイングランド勢力によるアイルランドの征服である。一一六二年ヘンリの推挙によりカンタベリ大司教となったトマス・ベケットは、一一六四年一月クラレンドンで開かれた聖俗諸侯の会議で、国王が同意を求めた国家と教会の関係にかんする慣習、およびそれに基づくいわゆるクラレンドン法の受諾を拒否した。その後、国王の圧迫、ベケットの大陸への亡命、ヘンリ派司教の破門ののち、帰英したベケットは一一七〇年十二月二十九日早朝カンタベリ大司教座聖堂内で、王の意を受けた騎士たちの手にかかり殺された。俗人王による大司教の殺害はキリスト教世界に大きな衝撃を与えた。ローマ教皇は一一七一年四月、ヘンリの在仏領土に聖務停止命令をくだした。政治状況を考慮してヘンリはただちに改悛《かいしゅん》の意を示し、一一七二年アヴランシュにおいて教皇と和解の協約を結んだ。争点は、教会裁判所で有罪判決を受けた聖職者にたいし、国王裁判所が刑罰を科すべきか否かであったが、妥協によりヘンリは聖職者にたいする刑事裁判権の主張を放棄することになった。しかし教会の保有する世俗的諸権利にかんする裁判権は国王に属することも確認された。ベケットは一一七三年に聖別され、カンタベリは十六世紀の宗教改革時まで多くの巡礼者を集めた。ヘンリは自らも参詣して人心収攬《しゅうらん》に役立たせる一方、聖俗の裁判権の管轄範囲を時代に順応させる努力をした。

## アイルランド征服

一一六九年、アイルランドでの小領主たちの内乱に南ウェールズの小領主たちが介入するかたちで、イングランド勢力のアイルランド南部への侵入が始まった。一一七〇年八月、南ウェールズの領主リチャード・ド・クレアが現地王の娘と結婚し、翌七一年にはダブリン王の名をえた。同年十月ヘンリ二世は大軍をともないアイルランドを攻め、クレアを封臣とし現地領主たちに宗主権を認めさせたうえ、ヒュー・ド・レイシを総督として統治させた。はるか以前の一一五四年に、教皇ハドリアヌス四世がヘンリにアイルランド教化援助の手紙を与えたことが根拠とされた。一一七五年、ウィンザー協定でヘンリの宗主権が承認され、七七年には十歳の息子ジョンにアイルランドの領主権《ロードシップ》を与える許可を教皇からえた。その後十三世紀にアイルランドが王家の属領と化し、王の恩顧政治の道具として使われるもととなった。

なお、ヘンリは一一七五年にはスコットランド王ウィリアム一世、また七七年には南北ウェールズの諸侯たちに臣従を誓わせている。息子たちとフランス王の娘たちとの結婚を取り決める一方、一一六八年には長女マティルダをハインリヒ獅子公に、七六年次女イリナをカスティリャ王アルフォンソ三世に、また七七年には三女ジョーンをシチリア王グリエルモに嫁がせたことは、フランス王権との対立のなかで、ドイツ大諸侯、教皇との協調関係を利用する意図を示している。

## 後継者問題

イングランド支配は順調であったが、アンジュー帝国はフランス王との対立のうちに、しだいに解体の方向に向かっていた。一一六九年モンミレーユ条約により王子ヘンリにノルマンディ、メーヌ、アンジューを、リチャードにアキテーヌ、ジョフリにブルターニュを支配させることを約束していたが、支配者の統治の成否は現地諸侯が統治者に臣従するか否かにかかっていた。フランス・カペー家の介入により、ヘンリに忠誠を誓う現地諸侯の数が減り始めた結果、王子たちを仲介者とするヘンリのアンジュー帝国領有策は破綻に向かう。一一七三年には三人の王子が父ヘンリに反抗し、妻イリナも王子たちに加勢した。このたびは鎮圧されたもののその後も反抗は続発し、一一八八年にはリチャードはノルマンディ公、アキテーヌ公としてフランス王フィリップ二世に臣従した。翌年五月フランス王とリチャードはヘンリと戦い、敗れたヘンリは七月六日、シノンで没した。

## リチャード一世と十字軍

跡を継いだのは三男リチャードであった。七月二十日にはノルマンディ公としてフランス王から認知され、九月三日イングランドで国王として戴冠した(一世、在位一一八九〜九九)。いわゆるアンジュー帝国はヘンリの努力にもかかわらず、法や慣習の異なる個別領域の結合体としての性格を残しつづけていたが、一一七〇年代以後各領域の独立性は強まった。リチャードは父からアンジュー家の支配領域すなわちプランタジネット・ドミニオンズを相続したのである。イングランドはそのひとつの支配領域(ドミニオン)である。父の時代に生じていた社会の変化は、イングランドではノルマン系騎士のイングランドへの土着化の進行であり、ノルマンディでは現地諸侯がアンジュー家に臣従するか、フランス王家につくかが流動的になったことである。

リチャードは登位後まもなく、プランタジネット・ドミニオンズに影響を与える重要な条約を二つ結んだ。そのひとつは一一九〇年シチリア王タンクレードとの条約である。リチャードの妹ジョーンは前シチリア王の寡婦《かふ》であるが、その嫁資の返還を要求した。交渉の結果、嫁資の返却のかわりに二万マルクをタンクレードが支払うこと、ブルターニュ公領相続人アーサーとタンクレードの娘との婚約、そしてリチャードによるタンクレード保護が決められた。この条約がシチリア支配をねらうシュタウフェン家の神聖ローマ皇帝を怒らせたのはいうまでもない。もうひとつの条約は十字軍参加中のリチャードとフランス王フィリップとが、一一九一年三月メッシナで結んだもので、リチャードが父の指図で結婚相手とされていたフランス王の妹アリスとの婚約を解消し、母イリナの勧めるナヴァラ王の娘ベレンガリアとの結婚を実現するためのものである。リチャードがフィリップに一万マルクを支払い、もし彼が嗣子《しし》なしに死ねばノルマンディのジゾールをフィリップに返還すること、もし嗣子がいる場合には、彼はノルマンディ等の領土をフィリップから保有し、封臣としての義務をおうこと、リチャードがアキテーヌ公として管轄するトゥールーズ伯領での裁判権はフランス王に移る、という内容である。これら二つの条約によって、リチャードがフランスに領有する各ドミニオンは、フランス王からの下封地としての性格を明確にされ、両者の係争地東部ノルマンディ支配の主導権はフィリップに移ることになった。また亡父のヨーロッパ政策を変更して、皇帝との関係を悪化させた。

フランスにある各ドミニオンにたいするフィリップの上級支配権が確認された結果、リチャードの支配領域のなかで、イングランドだけが封土ではなく自主地であることが明確になった。諸侯の側からみればイングランドとノルマンディの両方に封土を有する人々は、リチャードかフィリップか忠誠の相手を選ぶべきときがきたことを悟らされ、イングランドに主たる領土を有する人々は、リチャードこそ主君であることを以前にも増して自覚することになった。

イングランドの支配者としてリチャードがおこなったことは、十字軍費用捻出のため官職や特権を大規模に売却したこと、留守中の統治を国王代理に委任したこと、留守中弟のジョンが反乱し帰国した王はその後始末をしたこと、さらに国王として二度戴冠したことの四点であろう。国王代理のイーリー司教ウィリアム・ロンシャンは利私的行為が多く一一九一年三月免職されたが、治世後半のヒューバート・ウォルタはよくつとめ、検屍官《コロナ》設置で知られる一一九四年の大巡察《エア》は彼の主導でおこなわれた。ジョンが国政の主導権をとろうとした一一九一年には、国王代理の召集した会議で諸侯が国政上の重要事項についての発言権を主張した。一一九四年ドイツでの虜囚から戻った王は三月三十日ノッティンガムで会議を開き、ジョンを召喚し、対仏戦用の税の徴収を議論した。四月十七日ウィンチェスタで諸侯の求めにより、二度目の戴冠をした。

インググランドがリチャードにとって自主地であることは、同じブリテン島内のスコットランド、ウェールズとの関係において重要である。一一七四年のファレーズ条約により、スコットランド王にたいするイングランド王の上級領主権が承認されていたが、一一八九年十二月カンタベリでの国王勅書によりこの条約を解消する旨通知された。スコットランドがイングランドから独立することの代償は、一万マルクの償金であった。王は治世一〇年のうち延べ六カ月ほどしかイングランドに滞在しなかったが、国王代理との連絡は密であったから、王の不在がかえって国政運営を円滑にしたとはいいきれない。むしろノルマン人諸侯や騎士たちにとって、忠誠をつくす相手が事実上リチャードに限定されたことは重要であり、彼らは国王代理を相手に国政にかんする交渉をすることになった。その結果、アンジュー家の家産としてのイングランドという観念とは別に、リチャードの封臣たちの共有財産としてのイングランド、および統治責任者としての国王という観念があらわれ、これが国政運営に影響をおよぼした。

## 2　王権と諸身分

### ジョンの大陸政策

リチャードがフランスでフィリップ二世軍と対戦中に受けた矢傷がもとで一一九九年に没すると、跡を継いでイングランド王になったのは弟のジョンであった(在位一一九九〜一二一六)。アンジュー家の支配領域(プランタジネット・ドミニオンズ)の相続人としてのジョンの立場には問題があった。リチャードには嗣子《しし》はなかったが、弟は二人いた。すぐ下のジョフリはすでに亡くなっていたが、その子アーサーは存命していたから血統順位を優先するならばアーサーが継承すべきであった。しかし彼は当時未成年であり、一一九六年にフランス王の後見下にはいった。リチャードがかねてジョンを後継者に指名していたうえ、ウィリアム・マーシャルら、リチャード配下の有力者たちも支持を表明したので、ジョンの相続が決まった。アーサーの処遇についてのアンジュー家とカペー家の対立は、結局一二〇〇年五月、ル・グーレの和約により、フィリップがジョンをリチャードのすべての領地についての後継者として認めること、アーサーはブルターニュ公位継承者としてジョンに臣従することで妥協が成立した。しかしフィリップはノルマンディ諸侯の動向を読み、大陸におけるジョンの領有権を奪おうと画策しつづけた。

プランタジネット・ドミニオンズのひとつ、ポワトゥーに隣接するラ・マルシュの領有権をめぐるリュジニャン家とアングーレーム家の争いに関連してジョンは後者に肩入れし、一二〇〇年八月、その娘と結婚した。かねてよりその娘の許婚者であったリュジニャン家のユーグは抗議の反乱を起こし、国王フィリップは彼を援助した。一二〇二年フィリップは封臣としてのジョンを国王の法廷へと召喚したが、ジョンは出廷せず、これを理由にフランス王はジョンのフランス北西部におけるすべての領土を没収すると宣告し、ただちにノルマンディへと進軍した。アンジュー家側も各地でこれに反撃し、アーサーを捕えたが、戦闘はジョンに不利で、一二〇三年にはアンジュー、〇六年にはブルターニュを奪われ、北西部フランスにあったアンジュー家の領土はほとんどカペー家の支配下にはいった。ジョンもフィリップもともに相手方を封主とする封臣たちの土地を没収しはじめたので、諸侯たちは自らの主君をどちらかに決めなければならなくなり、彼らの在地化が進行した。

奪われた家領を回復するため、ジョンはネーデルラント諸侯やローマ教皇そして神聖ローマ皇帝の協力をえる努力を始める一方、アンジュー家にとって唯一の自主地であるイングランドを出撃、補給の基地として活用しようとした。一二〇五年にはイギリス海峡での防衛を担う五港都市に特権を再確認した。一二〇六年にはポーツマスに封建軍を召集して、自らアキテーヌへと進軍したが、ロワール

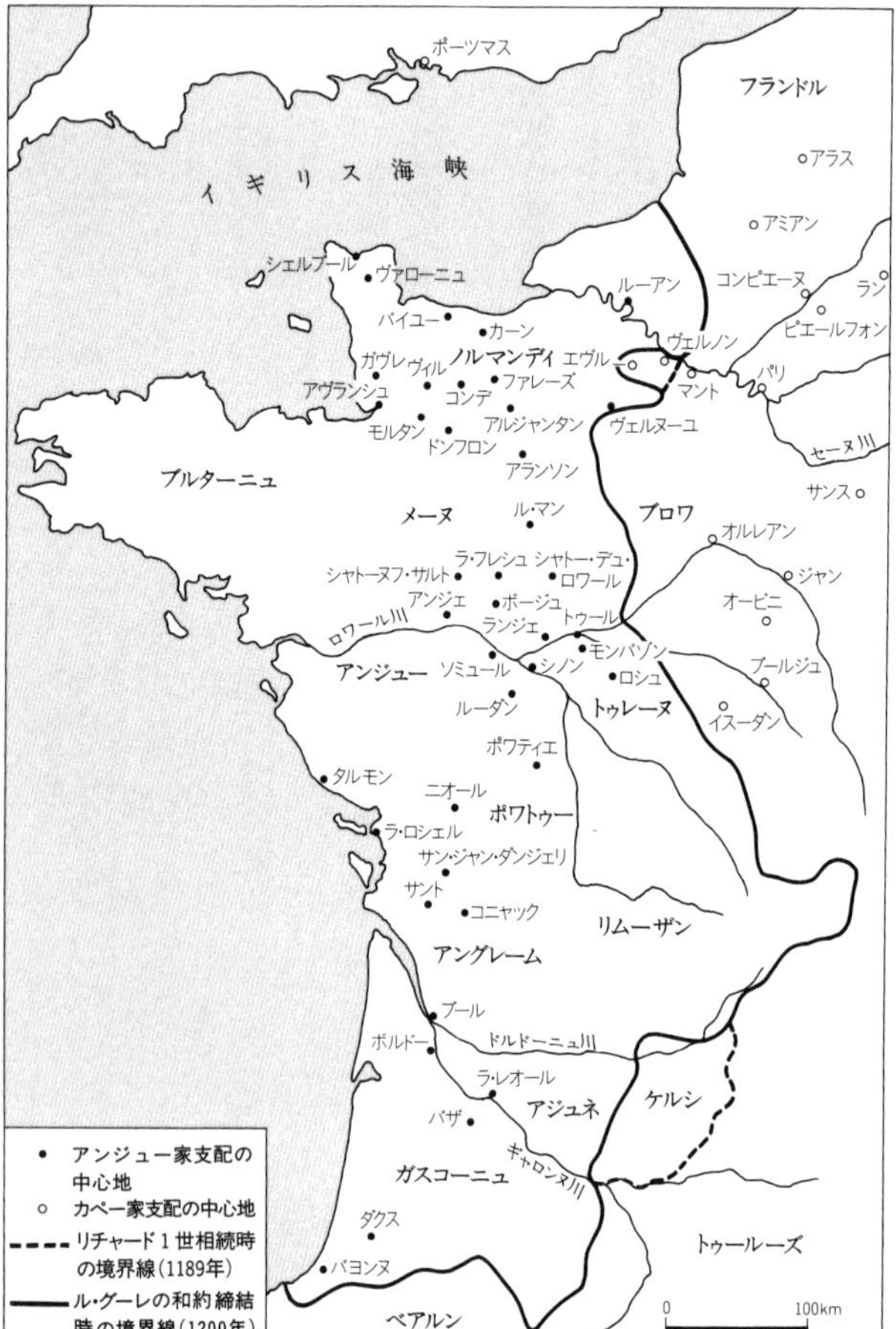

ポーツマス
フランドル
アラス
イギリス海峡
アミアン
シェルブール
ヴァローニュ
ルーアン
コンピエーヌ
ラン
バイユー
カーン
ピエールフォン
ガヴレ
ヴィル
ノルマンディ
エヴルー
ヴェルノン
アヴランシュ
コンデ
ファレーズ
マント
パリ
モルタン
アルジャンタン
ヴェルヌーユ
ドンフロン
セーヌ川
ブルターニュ
アランソン
サンス
メーヌ
ル・マン
ブロワ
オルレアン
ラ・フレシュ
シャトー・デュ・ロワール
シャトーヌフ・サルト
ジャン
アンジェ
ボージュ
オービニ
ロワール川
ランジェ
トゥール
アンジュー
ソミュール
シノン
モンバゾン
ロシュ
ブールジュ
ルーダン
トゥレーヌ
イスーダン
ポワティエ
タルモン
ニオール
ポワトゥー
ラ・ロシェル
サン・ジャン・ダンジェリ
サント
コニャック
リムーザン
アングレーム
ブール
ボルドー
ドルドーニュ川
ラ・レオール
アジュネ
ケルシ
バザ
ガロンヌ川
ガスコーニュ
ダクス
トゥールーズ
バヨンヌ
ベアルン
0
100km
・ アンジュー家支配の中心地
○ カペー家支配の中心地
リチャード1世相続時の境界線（1189年）
ル・グーレの和約締結時の境界線（1200年）

1200年頃のアンジュー家の支配領域

河畔をフィリップ軍に奪われた。対仏戦費をえるため、一二〇七年一月にはウェストミンスタに封建大会議を開き、十三分の一動産課税を要求した。また司法、行政業務における文書化、複本化を導入し、州長官の州収益請負を厳格化した。しかしイングランドの諸侯は大陸遠征を好まず、一二〇五年の海外への封建軍の派遣は拒絶された。

ジョンの失政のひとつとみなされているカンタベリ大司教選任問題は、歴史的には一過性の事件であった。一二〇五年七月ヒューバート・ウォルタが死去し、カンタベリ大司教座が空位となった。後任推薦権は教会法学では大司教座付属修道院の修道士会にあったが、慣習では大司教の副司教《サフラガン》たちに、そしてイングランドの慣習では国王にあった。ジョンは選挙に介入し、ノリッジ司教を選出させたが、教皇インノケンティウス三世は選挙を無効とし、スティーヴン・ラングトンを後任に指名した。諸侯や司教たちの支持を取りつけたジョンは、教皇の決定に不満を表明したが、教皇は逆にイングランドを聖務停止にし、一二

**大法官府の巻物記録**　ジョン時代以降，公文書は体系的に記録・保存され，効率的行政の要となった。

〇九年にはジョンを破門した。ジョンは教皇側についた司教たちの世俗財産を没収して対抗したが、やがて妥協してラングトンを受け入れたうえ、一〇万マルクを支払い、イングランドを封土として教皇に臣従するという条件で、一二一三年には破門を解かれた。翌年には聖務停止も解除された。司教選挙への国王の関与についてあらたな制限が加えられたわけではなく、事件はジョンとインノケンティウスとのあいだで政治的に決着がつけられた。

## 大憲章《マグナ・カルタ》

一二一三年五月、教皇との和解の見通しが立つとジョンは対仏遠征の準備に着手、フィリップの攻撃を受けていたフランドル伯に援軍を送り、一方皇帝オットー四世はフランス東部を攻撃した。七月には破門が解かれたが、イングランド北部の諸侯は同盟《リーグ》をくんで対仏遠征に反対した。一二一四年二月、ボルドーに遠征するため封建軍を召集したが、イングランド北部の諸侯は海外遠征をきらい、軍役代納金の支払いをも拒んだ。ジョンは反対を押しきってポーツマスを出航、ラ・ロシェルに上陸して、五月ポワトゥーを攻撃しリュジニャン家を破った。他方ジョンの主力軍はフランドル諸侯と同盟してフランス国王の軍と対峙していたが、七月二十七日ブーヴィーヌでフィリップ軍に敗れた。九月ジョンはフィリップと和約を結び、十月にはポーツマスに戻った。

一二一五年一月からロンドンで王と諸侯との会議が開かれ、軍役代納金を支払わせようとする王と、それを拒みヘンリ一世の戴冠憲章の確認を求める諸侯とが対立した。王は教皇の援助に力をえて、諸侯に忠誠を強要した。五月五日諸侯が、封臣としての義務を履行することを条件に、王派と諸侯派から四名ずつの代表を選び、教皇の指導のもとに解決を一任する旨提案したが交渉は決裂し、諸侯は王への忠誠誓約破棄を通告した。五月十二日ジョンが、抵抗した諸侯の所領没収を州長官に命じたため、両派は武力衝突にいたった。五月十七日ロンドンが諸侯側におさえられ、譲歩した王が交渉に応じた。六月十五日ジョンはテムズ河畔のラニミードにおいて、諸侯が準備した「諸侯の要求事項」を承認した結果、長大な特許状、すなわち大憲章が成立した。

その後、諸侯は忠誠を誓い、王は所領の返還を約束した。しかし王はまもなく大憲章の無効を宣言し、教皇もジョンを支持した。九月には王が外国人傭兵を導入したため反国王派の諸侯はジョンの廃位を決議し、フランスの王子ルイに援軍を要請した。ルイは一二一六年五月イングランドに上陸し、各地でジョンの軍と戦ったが、十月ジョンが急死して、九歳のヘンリが跡を継いだ。摂政ペンブルック伯ウィリアム・マーシャルの宥和《ゆうわ》的政策が功を奏し、大憲章が一二一六年、一七年と二度公布され、ルイも和議を結び離英したので一七年九月には内乱は終息した。

リチャード一世時代以来諸侯の土着化が進んでいたが、一二〇六年までにジョンの北西部フランスの領土がフィリップに奪われた結果、イギリス海峡の両側に封土を有する諸侯の数は減り、イングランドに主たる封土をもつ諸侯は主君ジョンへの忠誠心とともに、イングランド住民としての利害をもつことになった。イングランドはジョンにとって唯一の自主地であったから、封臣が忠誠誓約を破棄すると、ジョンは封主としての立場を失うのみならず、アンジュー家領回復のための軍事力や資金の供給源を失うことを意味した。

大憲章が扱う内容を分類するとつぎの七種になる。(1)封建的慣習、(2)王による非封建的搾取、(3)裁判関係、(4)王権の行政機能、(5)王の封臣以外の人々のための規定、(6)ジョンの失政の取り消し、(7)保障条項。これらのうち(1)(2)は封臣の利害にかんするもので、(6)は一時的問題、そして(7)は将来への規定であるが、(3)(4)は王の司法、行政権にかんするものであり、封建関係とは一線を画す。また(5)は非封建的利害に関係している。王の直属封臣である諸侯が封主たる国王に要求した項目のなかに、非封建的項目が存在するということは、王の統治権が封臣のみならずイングランド住民全体におよぶと諸侯にも認識されていたこと、およびその改革のための運動の主導権は諸侯がとるということを意味する。ジョンが自主地とみなしたものは住民の共有財産でもあった。

### ヘンリ三世の未成年時代

九歳で即位したヘンリ三世(在位一二一六〜七二)は教皇特使グァロやペンブルック伯ウィリアム・マーシャルに助けられて、一二一七年には内乱をきりぬけた。対スコットランド、ウェールズ関係も一二二〇年代には小康をえた。教皇は一二二八年には十字軍を実施する一方、一二二六年、二九年にはイングランド聖職者に課税するなど、ヨーロッパの世俗権力へも力をおよぼしつづけた。ヘンリ三世は、この状況下で、アンジュー家の当主が従来からとってきたドミニオンズ領有方針を変更はせず、フランスのガスコーニュやポワトゥーにたいして一二二五年、三〇年に出兵し、そのための費用を封

ヘンリ３世(左)とエドワード１世　イングランド・ゴシックの第三期・垂直様式の代表であるヨーク大聖堂内陣壁の立像。敬神で知られるヘンリ３世にくらべて，その長男エドワード(１世)は盛んな立法活動と，武力によるブリテン島統一の活動で有名であり，この像でも剣をもっている。

臣からの軍役代納金、一二二〇年および二五年の動産課税のかたちで徴収した。一二二七年には成人宣言をおこない国政のための役人の任命権を行使し始めたが、その後もヒューバート・ド・バーグが行政長官として国政に深くかかわり、王家と国王の利益を優先した統治をおこなった。

この状況を変えたのは、一二三二年から三四年にかけてのピータ・デ・ロッシによる改革である。一二三一年十字軍から帰国したロッシは、バーグの不正を理由に彼を失脚させ、ポワトゥーから縁者を招いて王の政治顧問とし、行政長官職の閑職化、王座裁判所の設置、納戸《なんど》庁の権限拡大などを断行した。ヘンリ親政開始によりロッシも、一二三四年には失脚する。

## 対外政策

一二三六年ヘンリは、フランス王妃マーガレットの妹でプロヴァンス伯の娘イリナと結婚、これを機に南仏貴族がヘンリの宮廷に目立つようになる。さらに一二四七年には中部フランスから、ヘンリの異父兄弟であるリュジニャン家の兄弟たちも来英する。これらはフランス南部でのアンジュー家の利権確保という彼の意欲を示している。また一二三五年ヘンリ三世の妹イザベルは皇帝フリードリヒ二世と結婚した。一方教皇が一二三七年以降、イングランド聖職者への課税を発表すると、これに反発したイングランドの聖職者たちは、王の意を受けて一二四五年のリヨン教会会議で課税反対を表明している。親政開始後も一二四二年と五三年の二度、南仏へと出兵した。彼は大陸政策を重視していたのである。

　ヘンリは南仏での戦争が一二五四年にゆきづまると、外交政策の視野を広げ、教皇からの誘いにより、次子エドマンドへのシチリア王位の約束でシチリア王マンフレートにたいする十字軍に参加を表明する。一二五五年には、その費用約一三万五〇〇〇マルクを三年間の十分の一動産課税でまかなうよう教皇が指示した。翌年になっても十字軍は成功せず、課税期間はさらに二年間延長された。他方一二五七年には王弟リチャードがドイツ王に選出され、大陸とのかかわりは一層強くなった。

　一方、諸侯は国王の対外政策を歓迎してはいなかった。一二三七年には王と諸侯との会議で、王が対仏遠征費用の特別援助金の同意を取りつけようとしたが、拒否された。諸侯の代表三名を王の助言者とする妥協案が合意されたにもかかわらず、王は実行しなかった。この王の非礼により、その後の援助金要請は王の長男の騎士叙任と長女の結婚を除いてすべて拒否された。一二四四年にも諸侯による国政改革案がつくられたが実現しなかった。王は宮廷派以外の直臣の支持を失いかけていた。

シモン・ド・モンフォールの乱

　一二五八年四月初め、十字軍費用をえるための課税実現をめざして、ヘンリはロンドンに諸侯会議を召集した。ところが集まった諸侯は課税を承認しないばかりか、シチリア十字軍への参加それ自体に異議を唱え、国政上の重大事項について自分たちが相談を受けていないことで王を非難した。四月末ロージャ・バイゴッドら七名の諸侯は、王にたいし国政改革を要求した。五月二日、王はこれに同意し、両者のあいだにつぎのような協定が結ばれた。

まず、国王側および諸侯側からそれぞれ一二人ずつの諸侯からなる二十四人委員会をつくり、これが国政改革案を作成すること、つぎにその案は六月に開かれる予定のパーラメント（のちの議会にあたる）において討議され、承認を受けること、王と王太子はその決定を遵守《じゅんしゅ》すべく宣誓をおこなうこと、これらのことと交換に諸侯はシチリア十字軍への援助金を徴収できるよう、王国共同体を説得する、というものである。この協定に基づき二十四人委員会が作成した改革案が、六月にオクスフォードで開かれたパーラメントにおいてオクスフォード条款として成立した。この条款で改革派諸侯は十五人委員会と呼ばれる最高統治機関を設立し、中央の行政長官、尚書部長官、財務府長官はこの委員会に宣誓すること、パーラメントが年に三回召集されるべきこと、州長官は在地の陪審のなかから選ばれ任命されるべきこと、地方行政における役人の不正調査を実施すること、などを規定し、国政における主導権を掌握する意思を示した。王とエドワード王太子とがその遵守を宣誓した。そのなかの城主交替の規定に従い、王の城をあてがわれていたリュジニャン家の兄弟たちは城を追われ、結局離英した。諸侯のうち王を支持したサリ伯や王太子は十五人委員会の監視下におかれた。

七月から役人の不正調査のための地方巡回が、十五人委員会の任命した行政長官ヒュー・バイゴッドらにより始められ、結果は十月のパーラメントに報告された。これに基づき国王役人や大諸侯の領地管理人らによる圧政を是正するべき規定が作成されることになり、一二五九年二月にはほぼ草案ができた。しかし改革派諸侯の一部はその内容に、封臣・中小領主の権利を擁護し、封主としての自らの利益を損なう規定のあることをきらい、公表は延期された。その後、中小領主たちの改革意欲を利用して主導権を取り戻そうとする王太子の動きに刺激されて、諸侯は改訂ののち十月に公表した。これはウェストミンスタ条款と呼ばれている。ここまでは改革は一気に進んだ。国政上の決定権を従来は国王と彼が選んだ助言者との小人数の人々が独占していたのにたいして、そこから排除されていた大諸侯たちが王国共同体の代表を名乗って国政への参加を企て、国王派の決定権に制限を加え始めたのである。

ところが王は一二五九年末にフランスへと渡る。アンジュー家とフランス王家とのあいだのかねてからの領土問題で続いていた交渉が成立し、その条約を締結するためにパリへと赴いたのである。王の単独行動を監視するためおもだった諸侯も随行した。そのうちの一人レスタ伯シモン・ド・モンフォールと妻イリナは、その条約に個人的な領土上の利害を有していた。イリナは国王ヘンリの妹で、彼が放棄することになっているフランス内の領土について、血縁者として潜在的権利をもつからであった。レスタ伯夫妻の調印逡巡によって遅れはしたが、条約はその年の暮れに締結された。夫妻は不満をもってイングランドへと戻り、王と彼らとの関係は悪化した。

一二六〇年二月以後レスタ伯はパーラメントの開催をめぐり王と対立し、七月には裁判を受けるこ

ケニルワース城　ヘンリ３世から妹の結婚相手シモン・ド・モンフォールに与えられた。13世紀には城壁の外は堀であった。

とになる。教皇の支援もあって一二六一年五月にはヘンリは勢力を回復し、十二月以降になると伯は改革派諸侯の支持を失い、一時フランスへと去る。やがて一二六三年四月、反国王派の中小領主たちのリーダーとして再登場するが、諸侯のグループによる国王権の制限という改革の理念を嫌悪するヘンリは十一月、問題の裁定をフランス王ルイ九世にゆだねる提案をし、レスタ伯は同意した。ルイが一二六四年一月アミアンで公表した裁定は、改革運動すべてを破棄しヘンリがすべての権利を回復するという一方的な内容で、レスタ伯は交渉による解決の道を事実上断たれた。

両派とも武装し、四月にノーサンプトンで最初の衝突があり、国王軍は勝利して伯の息子を捕虜にする。ついで五月十四日、リュイスの戦いでは、若いグロスタ伯が加わったモンフォール軍が勝利して、国王、王弟、王太子を捕虜とした。二人の伯はチチェスタ司教を加えた統治体制を構想する。今やレスタ伯の支持者とみなされるようになった各州の中小領主や都市の市民の代表が、一二六五年一月にパーラメントへはじめて召集されたのはこの状況においてであった。王を捕虜としてはいたものの、レスタ伯は一部の諸侯の支持を失っており、政治状況は不安定で、五月には拘束されていた王太子エドワードが逃亡した。八月四日イーヴシャムでエドワード軍と戦い、レスタ伯とその長男は戦死した。

## モールバラ法

救出されたヘンリは九月十六日、改革すべてを無効とする旨宣言し、改革派と目された人々の領地を没収しはじめた。これを機に各地で国王派による略奪とそれに抵抗する人々との武力衝突が広がった。しかし教皇特使の仲介もあり、一二六六年には反乱加担者を平和裡に体制内に受け入れるためのケニルワース裁定が公表された。そして翌年には、改革運動中に制定された封主封臣関係の整序のための規定であるウェストミンスタ条款を改訂したモールバラ法が、パーラメントで制定された。没収された土地は一定条件のもとに有償で買い戻され、それまで反国王派であった諸侯や中小領主たち、そして都市ロンドンにも国王から官職や特権があてがわれるようになり、反乱は終息した。

## 3　議会の形成

### エドワード一世のイングランド統治

一二七〇年王太子エドワードは弟エドマンド、王弟の息子ヘンリらとともに、フランス王ルイが先導した最後となる十字軍に参加し、プロヴァンス経由でチュニスに向かった。ルイの死後もエドワードはパレスティナにとどまってイェルサレム王国を支える努力をしたのちに、一二七二年十一月十六日に父王死亡の知らせをシチリアで聞くと、イングランドへ向かった。イタリア、フランスで会議に出席したり外交交渉をしたりして時を過ごしたのち、一二七四年八月になってドーヴァに上陸した。留守中はヨーク大司教のウォルタ・ギファドが国王代理役をつとめ、一二七三年のパーラメントでは諸侯、州や都市の代表が国王への忠誠を誓った。七四年八月十九日ウェストミンスタで戴冠してエドワード一世となった(在位一二七二〜一三〇七)。

一二五八年から六五年のバロンの反乱の際に改革派諸侯が十五人委員会を組織し、国王にかわって統治の実権を掌握しようとしたことに鑑みて、エドワードは国王による国政の主導権の掌握をめざした。イーヴシャムの戦い以後ヘンリは統治の主導権を王太子エドワードに委ねていた。すでに王太子時代の一二六六年にパーラメントで制定されたケニルワース裁定において、国王がすべての政治権力を掌握し身分を問わずすべての者は王権に従うべきこと、オクスフォード条款において企図された諸侯らによる統治のための機構は厳禁されるべきことを明言している。と同時に国王の権力が王国の法と慣習に基づいて行使されるものであり、すべての人は国王の裁判を通じて正義を期待しうることをうたい、国王権が公権力としての性格をもつことを表明した。この前提に立って、翌一二六七年制定のモールバラ法において、改革運動中に諸侯が作成したウェストミンスタ条款においても扱われており、当時の重要課題であった封主封臣関係に由来する諸問題の解決を、国王裁判権が担う意志を明確にした。

このように大きな権力を保ち、担った任務をはたすには権力主体そのものの改革を必要とした。国王評議会の構成員は国王が指名した尚書部や財務府の役人、裁判官からなり、諸侯の比重はさがった。それは助言者団ではなく権力執行機関となった。最高の封建領主としての国王の家政機関である宮内《くない》府は、エドワードの命令にもっとも忠実な部局であったから、公権力として国王がはたすべき仕事にも使われた。当時その中心部局は納戸《なんど》庁で、王璽《プリヴィ・シール》を押した令状を用いて王の命令を他の部局に伝えた。そしてパーラメントは、王独自の命令や王と諸侯との協定とは別に、国王がとくに被治者による包括的な支持を必要とする場合に国王が召集する集会であり、その機会に合意されたことが制定法として機能するものとみなされた。

## 初期の制定法

エドワードが帰国して最初の大事業は、一二七四年から七五年にかけて実施された国王財産もしくは王権にたいする侵害の調査である。十月、州ごとに調査者が任命され、以前国王から下封もしくは授与されていた土地、あるいは出仕義務、令状復命権、市場開設権などの特権が、現在は誰によっていかなる権限で保有されているかを調査、報告するよう命じられた。一二七八年にはグロスタ制定法に基づき土地の領有権や領主特権を主張する者に、国王裁判官の面前での権限説明を命じた。これらの調査結果は十三世紀の他の同種の調査結果とあわせて、十九世紀に『ハンドレッド・ロルズ』として刊行された。すべての特権や土地保有権が国王に由来するとの国王側の論理を押しつけることを意味するこれらの措置は、長期占有に基づく特権の保有を主張する多くの者たちの抵抗により挫折し、これらの調査に基づいて国王が回復しえた土地や特権は多くはなかった。諸侯の反発にあって王は妥協し、一二九〇年権限開示訴訟と呼ばれる手続きにより、一定の期間以上の長期にわたる占有の有効性を承認した。

主君の法廷への出仕などの義務をおこたった封臣にたいして、封主が差押えという方法で義務の履行を強制することは中世社会では認められていたから、この種の自力救済に由来する封主封臣間の紛争は、一二五九年のウェストミンスタ条款でも扱われているように当時大きな問題であった。これを調停しうるのは強制権をもつ第三者のみであり、王権は積極的に介入した。一二六七年のモールバラ法により差押え方法を限定し、差し押さえられた資産の回復方法を定める一方、封主の差し押さえる権利も保障したが、一二八五年のウェストミンスタ第二制定法の第三十六条は、封主による差押えを担当する者の資格を制限した。自力救済のルールを王権が定めたのである。

最高の封主としての国王の権利をも確立しようとした。一二七九年には死手法と呼ばれる制定法で、封建的土地保有者が封土を宗教団体に寄付して相続税をまぬがれようとする行為を禁じた。また一二九〇年には再下封禁止法により、封臣が封土をさらに別人へと下封することを禁じて、封建的奉仕が名目化して封主が損をこうむるのを防ごうとした。封土権の移転はこれ以後、封土をゆずり受けた者があらたな封臣として義務をはたす代置という方式がとられることになる。これは国王から直接土地を保有する者を確保するための措置である。

王の封臣以外の人々にかんする法もつくられた。取引や商人にかんしては一二八三年のアクトン・バーネル制定法が、商人が債権を取り立てる際に差押えをなしうることを認めた。一二八五年の商人法はこれを改訂したものである。同年、地域社会の治安維持の任務を、その地域の住民に義務づけるというヘンリ二世以来の諸規定を統合したウィンチェスタ法が制定された。封建関係の整序という課題と、イングランド住民一般の治安にかかわる規定の整備という課題とが、王国統治者としての国王によってはたされる様子を読みとりうる。と同時にこれらがパーラメントでの法の制定をとおして実現されようとしていることの意義にも注目すべきであろう。当時パーラメントの業務の多くは、住民や団体からの請願に国王が回答するかたちで処理されていた。立法はたんに国王の意思を強制する手段ではなくなった。なお一二九〇年にはイングランドからユダヤ教徒を追放した。

### スコットランド王位継承問題

一二八六年五月、エドワードは王妃、王弟、尚書部長官らとフランスへと渡った。パリ条約によって彼がフランスに領有する土地について、王になったばかりのフィリップ四世に臣従した。一二八七年には十字軍参加の誓約をし、教皇から十字軍税徴収の許可をえた。一二八九年八月まで在仏し、イングランドへ戻った。財務府長官が二月のパーラメントであらたな援助金賦課を申請したため、諸侯は王との直接交渉を求めていた。

スコットランド王アレグザンダー三世の王子が一二八四年に十二歳で死亡したとき、王位継承権を認められたのはすでに死亡していた娘マーガレットの子で、ノルウェーの乙女と呼ばれた当時一歳のマーガレットであった。一二八六年三月アレグザンダーが落馬事故で亡くなると、六名の摂政からなる臨時政府は反対意見を退け、先の決定どおり前王の孫娘が即位した。反対したのはスコットランド王ウィリアム一世の弟でハンティンドン伯のデイヴィッドの娘たちの子孫のうち、王家の傍系にあたる当時八十歳前後のロバート・ブルースと、四十二歳前後のジョン・ベイリアルで、それぞれ支持勢力をもっていた。イングランド王エドワード一世は一二八九年フランスから戻ると、自分の息子エドワードとマーガレットを結婚させる許可を教皇に願い出た。これが実現すると、イングランド北部へのスコットランド王家の傍系の影響力を排除できる見込みがあった。

ところが一二九〇年九月、ノルウェーからスコットランドへ向かう船中でマーガレットが死亡したため、エドワードの計画が水泡に帰すとともに、王位継承問題が浮上した。傍系親族による内戦の可能性もあったため、仲裁者として宗主権を主張するエドワードに期待がかかり、一二九一年五月エド

**スクーンの石**　スコット人の伝説では，歴代のスコットランド国王が助言者たちに囲まれて戴冠する際に座す石。パースの近くの丘にあったが，1296年エドワード１世のスコットランド遠征の際イングランドへと持ち去られ，ウェストミンスタの玉座にはめ込まれた。その後，1996年にスコットランドに戻された。

ワードは北イングランドのノラムにおいて、スコットランド諸侯から宗主権の承認をえた。そのうえで宗主エドワードは八月ベリックで王位継承者決定のための会議を開き、翌年十一月ようやくジョン・ベイリアルに決定した。ところがエドワードはベイリアルを封臣としてウェストミンスタへ出頭させ、対フランス出兵を要求した。一二九五年七月、スコットランドの反イングランド諸侯らが王国統治の主導権を握り、十月にはフランス王と同盟した。これを契機に一二九六年エドワードによるスコットランド征服戦争が始まった。

一二九三年、イングランドとガスコーニュ地方の港町の艦隊がフランス王の支配地の港を攻撃した。フランス王フィリップ四世は封臣としてのエドワードをパリへと召喚したが出席しなかったので、一二九四年ガスコーニュのアンジュー家領没収を宣告した。交渉は決裂し、エドワードはガスコーニュへ軍を送った。アンジュー家とカペー家との戦争がふたたび始まった。同じころ、ウェールズでも各地で現地領主の反イングランド蜂起があり、辺境領主の一部も加担した。エドワードによる反乱鎮圧は翌年七月までかかった。これらスコットランド、フランス、ウェールズとの戦いはエドワードに多くの戦争費用をかけさせることになり、その負担をめぐってイングランドの諸侯や住民との政治交渉が避けられないものとなった。

## モデル・パーラメント

一二九五年八月ウェールズでの反乱を平定してロンドンに戻った王は対仏戦に備えて特別援助金徴収への同意をえるため、パーラメントを十一月に召集した。諸侯にたいしては個別に令状を発給し、フランスとの戦争という共通の危機に対処するためには、すべての人のかかわる事柄はすべての人に同意されるべきであるとの趣旨を説明し課税した。各州の州長官宛に州と都市からそれぞれ二名ずつを選出し派遣するよう命じ、さらに下級聖職者にも代表を通じて集会に参加するよう求めた。それぞれの階層は別々に議論したのち、バロンと騎士は動産の十一分の一、都市は七分の一の税を負担することに同意した。カンタベリ大司教は王の期待に反して聖職者負担を十分の一とした。このパーラメントは、構成員が王国のすべての身分からなることから、以後の議会の模範《モデル》となったと十九世紀の歴史家はみなしたが、聖職者集会とパーラメントとはこれ以前もまた以後も別々の集会であり、一二九五年の場合は合同して開かれたのである。

## 一二九七年の危機

教皇ボニファティウス八世が一二九六年、国王による聖職者課税は教皇の認可を必要とする旨の教書を発行したため、大司教ウィンチェルシーは国王の要求だけに従うわけにはいかなくなった。同年末国王がふたたび聖職者課税を求め、大司教が教書を楯に拒むと、王は翌年初め税の支払いを拒む者は国王の保護からはずされる旨、王座裁判所長官に宣告させた。大司教は会議を重ねたのち三月に妥協して、法外化措置の償い金というかたちで負担を受け入れた。教皇からのそれ以上の支援は来ないと判断して、聖職者の大半がイングランドの住人としての利害を優先させた。

同年、王はソールズベリに世俗諸侯だけの大会議を召集し、対フランス遠征を議題とした。当時グロスタ伯は未成年であり、ランカスタ、レスタ、ダービ伯を兼ねていた王弟エドマンドは亡くなっていた。リッチモンド、ペンブルック、サリ伯の称号は王の親族がおびていたから、王に反対する勢力は限られていた。しかし王が自ら封建騎士軍を率いてフランドルに遠征する、また諸侯軍をガスコーニュに派遣すると提案するにおよんで、諸侯は不参加の弁明を述べた。王は所領没収で脅したが、ノーフォーク伯でマーシャル（軍務卿）をつとめるロージャ・バイゴッドと、ヘリフォード伯でコンスタブル（侍従武官長）のハンフリ・ド・ブーンは、ただちに封建軍のフランドルへの派遣は前例がないとして拒否した。王は諸侯の同意をえないまま少数の支持者を使役して遠征準備を始め、徴税、物品の徴発を命じた。五月には年収二〇ポンド以上の者にも動員命令が出され、八月末王子を残してフランドルへと出発した。

ところが五月にはフランスへの遠征参加を求められたスコットランドで、ウォリスやダグラスらの武将による反乱が起き、ロバート・ブルースらの諸侯も加わった。九月十一日ウォリス軍がスターリング・ブリッジでイングランド軍を破ると、王子とその側近は二人の伯と和解して、九月三十日ロンドンにパーラメントを召集し、十月十日には大憲章と御料林《ごりょうりん》憲章の再確認書が作成された。大憲章につけ加えて、議会で同意されていない課税などは徴収されてはならないこと、租税は全王国の共通の利益のために課されるべきこと、高率羊毛関税は廃止されることなどが盛り込まれた。ヘントにいた王は十一月これを確認した。一三〇〇年三月ウェストミンスタのパーラメントで、諸侯はさらに二〇カ条の両憲章への追加条項を王に認めさせ、一三〇一年、リンカンでのパーラメントでも両憲章の再確認がなされた。

一二九〇年代のウェールズ、スコットランド、フランスとの戦争は、国王エドワードにとっては自家(アンジュー家)の所領の維持、拡大のために必要ではあるが、イングランド諸侯の大半の者にとってはそうではなくなっていた。そのための費用をだれがまかない、動員をいかに手配するかについて、まず主導権をとったのは王である。王と利害の共通する商人は一定の限度内で協力することもありえた。その他のイングランド住人にとっては王とは利害が対立した。しかし一二九七年の確認書で述べられた、共通の利益とは何かをだれが判断しうるのかについての原則は未確立であった。権力行使について国王と話し合える機会が他の身分の者よりも多い諸侯が、封主封臣関係に基づいて王権の行使に歯止めをかける方法は、十三世紀の終わりには有効性の限界にきていたことを一連の事件が示している。一三〇三年、スコットランド軍がふたたびイングランド軍を破り、侵入してきたため、エドワードはこれを撃退した。ウォリスは捕えられ、一三〇五年に処刑された。ところが一三〇六年ロバート・ブルースが反乱を起こし、スクーンでスコットランド王として即位した。翌年エドワードは追討の軍を率いて北上中に、カーライル近郊で病没した。

## 4　ブリテン島の統一への道

### ヨーロッパにおけるブリテン島

十三世紀なかばまでイングランド王ヘンリ三世の関心はヨーロッパ大陸での自己の権威のランクづけであり、フランス王家との関係、ついで教皇や皇帝との関係のなかでの自己の権威を上昇させることにあった。十三世紀なかばのイングランド諸侯による国政改革運動によっても、国王の大陸政策には大きな変化は起きなかった。しかし十三世紀後半に起きたローマ教皇権と神聖ローマ皇帝権という超越的権威の衰退の結果、ヨーロッパ各地に国王が主導権をとった領域国家が生まれつつあった。ブリテン島を一地域とした場合、そこの住民自身による領域国家形成運動あるいはそれへの志向はみられたのか。ブリテン島は当時イングランド、スコットランド、ウェールズに分かれて相互に対立していたが、エドワード一世時代になって、相互の境界領域での紛争が契機となり、王家のあいだの血縁関係が権利主張の根拠となって、イングランド王家が主導権をとって統一をめざすことになった。

ヨーロッパにおけるブリテン島の位置を規定するのは、フランスとの関係である。イングランド王(アンジュー)家にとってはフランスとのあいだのトラブルは、一〇六六年以来領土問題であり、主従間の問題でもあった。一一五四年ヘンリ二世によるイングランド王位の継承によって、アンジュー家の支配領域プランタジネット・ドミニオンズは、海峡を挟む広大なものとなったが、十三世紀初めからカペー家による浸食で、アンジュー家の保有地は南フランスに限定されてきた。王たちによる故地回復の動きは何度も試みられたが、一二五九年のパリ条約はアンジュー家のヘンリ三世がフランス北西部の全領土を放棄し、カペー家のルイ九世からフランス南部のアキテーヌを保有することを定め、主従関係と領土問題の一時的な安定をもたらした。しかしこのことは少なくともアンジュー家の王にとってはイングランドが本拠地で、アキテーヌがその属領であることを意味したわけではなかった。というのはブリテン島統一の主導権をとるべきイングランド王家は、在仏領土の維持にも大きな関心を保ちつづけていたからである。一二九三年に起きたイングランドの五港都市の艦隊によるラ・ロシェル攻撃は一二五九年以来の安定を破り、イングランド王家の北フランス領有の意志がなおも消えてはいないことを示し、それに続くカペー家によるアキテーヌ公領への攻撃(ギエンヌ戦争)は、イングランド王家がフランスの一諸侯であり、フランス王家による国土統一を妨げるものとみなされていたことを示している。ところが一二九〇年代以後アンジュー家は、大陸への復帰の意欲とは別に、ブリテン島統一の意欲をも示すようになる。

### スコットランド、ウェールズ、アイルランド

スコットランドでは、ケルト人の部族国家がようやく統合されようとしていたときに、ノルマン人が侵入し封建制を導入した。スコットランド王家はしだいにアングロ＝ノルマン化し、リチャード一世時代に一応の独立は認められたものの、事実上は十三世紀を通じてイングランド王の宗主権下にあった。イングランドからの攻撃にあうとスコットランド王はフランス王に援助を求めた。早くは一二四四年にアレグザンダー二世がヘンリ三世軍に対抗するためフランス王の援助を受けた。また一二九四年王ジョン・ベイリアルにたいするエドワードの威圧的政策にたいして、一二九五年パリでフランス王とのあいだに対イングランド攻守同盟が結ばれた。エドワードがスコットランド王をイングランド王の宗主権下におこうとする政策にとって、フランス＝スコットランド同盟が阻害要因となり、彼はこの同盟を意識しながら対フランス政策をとらねばならなくなった。

ウェールズではケルト人の部族国家がノルマン征服後もしばらく残っていたが、ウィリアム征服王以後、ノルマン家の王たちははじめは辺境地域に三つの伯領をおくことによって、ついでウェールズ内に王の直轄地をおいて積極的に征服に乗り出し、ウェールズ人支配者を自己の封臣とする政策をとった。ヘンリ二世時代にリース・アプ・グリフィズのもとにデハイバース公国が建てられて以後、南部にはイングランド人の植民地、中北部にはイングランド王の宗主権下にウェールズ人の公国があった。十三世紀には封建化が進み、ヘンリ三世による征服もある程度進んでいたが、ルウェリン・

アプ・グリフィズの巻き返しにより、一二六七年モンゴメリ条約が結ばれ、独立性が高まった。ところが一二七六年以後エドワード一世の遠征によりウェールズのほぼ全土がイングランド王の支配下にはいった。エドワードによるウェールズの植民地化政策は徹底的で、軍事力を背景に強力に進められた。彼はカナーヴォンで生まれた次子に一三〇一年になってプリンス・オヴ・ウェールズの称号を与えた。ヘンリ二世の征服以後アイルランドでは、イングランド人諸侯による植民が進み、また王は出先機関をおいて支配を恒常化させることになった。ウェールズとアイルランドにかんしては、イングランドの王と諸侯は同じ利害関心をもつことになった。

ルウェリン・アプ・グリフィズの斬首
1267年の条約によりウェールズ大公の称号を認められたが，1276年からのエドワード1世の侵入に対抗し，1282年に戦死した。死後，その首ははねられてロンドン塔にさらされた。

## 社会と文化

一一〇〇年から一三〇〇年のあいだに、イングランドの人口は二〇〇万人から四〇〇万~五〇〇万人へと飛躍的に増大した。ロンドンは一三〇〇年でも三万~四万人、ヨークが一万人程度であったから、人口の大半は農村部に暮らしていた。スコットランドには約四〇万人が暮らしていた。畜糞と地力の自然回復以外に施肥の技術は事実上存在せず、人間の食糧確保と家畜用牧草確保の二つは互いに土地を奪い合っていた。穀物生産力は低く、単位面積当たりでは二十世紀の生産力の四分の一以下であった。生産量確保のため森・丘の開拓、沼の干拓が大規模に進められた。一一八〇年から一二二〇年のあいだイングランドでは物価騰貴がみられ、十三世紀中に物価は約三倍になったが、人口増加のため賃金はやや下降気味であった。

十二世紀には土地を賃貸にだしていた大土地所有者たちは、十三世紀になると直営地を農民たちの不払い労働や雇用労働を動員して耕作し、市場で売却するための農業生産によって利益をあげた。人口増大とともに都市の数もふえた。一一九八年から一四五三年までに約二八〇〇の市場開設許可がだされたが、うち二分の一は十三世紀の最初の三つの四半期に集中している。都市建設の特許状も多くだされ、十四世紀第一・四半期までにタウンの数は二倍になった。エドワード一世の北ウェールズ征服にともないその地にも都市建設が進んだ。羊毛生産も成長したが、十三世紀からは徐々に海外の競争相手に敗れるようになった。錫や鉛などの鉱物発掘による利益は特定地域に利益をもたらしたにすぎない。

軍役奉仕と交換に土地を授与される主従間の契約を根幹とする封建制度は、一一五〇年当時のイングランドにあまねくゆきわたっていたとはいえない。土地にたいする支配も人にたいするそれも、下封された直臣がすべて掌握していたわけではなく、一部は国王が統括していたし、地方では地域の住民の共同体が自治的規制力を保持していた。一一五〇年当時は土地は、排他的に所有されるものではなく、臣下が主君から保有するものであったが、時とともに社会制度は変化した。封土の世襲化が進行した。また第三者への土地の譲渡がさまざまの擬制《ぎせい》を用いて可能となっていった。その結果土地と軍役保有者との緊密な結びつきは薄れて、かわりに主君から臣下への金銭、扶養、訴訟幇助《ほうじょ》などの提供と交換に、臣下が軍事力を提供する慣習が十三世紀の後半から育ってきた。

修道院に住み一定の戒律を守る出家した修道士の集団に、一二二一年のドミニコ会、一二二四年のフランシスコ会といった托鉢修道士が加わった。他方、在俗聖職者は教区教会や礼拝堂に属したり、王の行政にたずさわったり大学の教師になった。修道院長や司教といった高位聖職者たちは、同時に国王から封土を受ける聖界諸侯でもあり、独自の家政機関をもち部下を養っていた。

王侯、聖職者以外の庶民の大半は農村に住み、ごく一部が都市に暮らした。十二世紀なかばに奴隷が事実上消滅し、十二世紀の後半に農奴身分が広範に成立することで、国王法廷で保護される自由人と、領主裁判権に従属する農奴との区別ができた。経済的には最下層の自由人であっても、法的には伯などの貴族と同じ権利を享受しうる条件ができたことが、領主の荘園に住む自由人にたいする領主の支配権を削減することになった。

ノルマン征服によりフランス人が大量にイングランドに流入したことにより、その後約二世紀間はアングロ＝サクソン語にかわって、ノルマン＝フレンチ語が支配者の日常用語となる。十三世紀に復活した英語はアングロ＝サクソン語とは異なる中世英語であった。一方、聖職者が主として用い、公文書に書かれたのはラテン語であった。

建築にもノルマン様式が導入されたが、十二世紀後半になると教区教会建築にもアングロ＝サクソンの伝統を一部に残し、ノルマン式やスカンディナヴィア式の建築様式を取り入れたものがあらわれるようになる。また教会内部の壁画にはビザンツ様式のフレスコが使われた例もある。フランスをとおして地中海文化がイングランドにも到達していた。教会建築にたずさわった人々のなかにはシチリアで訓練を受けた人物もいた。一一七〇年ころからイングランドでは大聖堂建築の盛期をむかえるが、カンタベリの内陣の再建された部分に地中海様式の影響が指摘されている。ゴシック建築が本格化する一一九〇年代になると、まず初期イングランド様式でのリンカン大聖堂の再建、一二三〇年代のソールズベリ大聖堂の新築がおこなわれた。一二四〇年代に始まるウェストミンスタ大聖堂《アビィ》の再建は、国王ヘンリ三世の強力な関心のもとに宮廷派石工によりフランスの飛び梁技術が取り入れられたが、その影響は一時的で、一二八〇年代からはゴシック第二期の装飾様式がイングランド独自の建築様式として定着した。

# 第三章　百年戦争とバラ戦争

## 1　エドワード三世時代

### エドワード二世の寵臣政治

一二九四年のギエンヌ戦争を契機にフランス・カペー家との戦争がふたたび始まり、他方ではブリテン島の統一をめざしてスコットランドと戦っている最中に、エドワード一世が一三〇七年に死ぬと、生存する男子のうち年長者がエドワード二世として跡を継いだ(在位一三〇七～二七)。彼は征服されたウェールズ、国制の一部となりつつあったパーラメント、コモンズ(のちの庶民院にあたる)の同意をえての課税という慣習、そして困難の予想されるスコットランド征服事業などをも引き継いだはずである。しかし彼が王としての権力を用いておこなったことは、幼友達であったガスコーニュ出身の騎士ピアズ・ギャヴィストンを、自らがフランスに行って留守のあいだの国王代理としたことであり、のちにコーンウォル伯に取り立てたことであった。ギャヴィストンは王の側近としての地位を利用して、王が臣下に利権や名誉を与える俸禄分配権を行使する際に影響を与え、他の諸侯を操ろうとした。

このいわゆる寵臣《ちょうしん》政治はつぎのような場合に成立しうる。まず王権が、諸侯やその他の権力主体から特定の臣下に寵を与える源として承認されていること、つぎに臣下たちが王の恩顧をえようと競争している状況があること、そして助言者選択の主導権を王が掌握していることなどである。父エドワード一世は一二九〇年代以降、フェラーズ、フォーツ、クレア、レドヴァーズ、レイシ、ロングスウォード、バイゴッドそしてブーンなどの貴族の家柄から領地や称号を取り上げて、自己の親族や関係者にあてがった。その結果、これらの条件はすでにエドワード二世即位時には成立していた。

前王によっていったん退けられていたギャヴィストンをエドワード二世が即位早々呼び戻したため、失っていた名誉の回復を期待していた諸侯たちの期待は裏切られた。彼らは前王の弟エドマンドの子でランカスタ伯のトマスを指導者として、一三〇八年のパーラメントで武装して王に抗議した。結局ギャヴィストンは伯位を奪われアイルランド総督として左遷された。しかし一年後には王と諸侯との妥協が成立して、彼は帰英を許され寵臣政治が復活する気配をみせた。諸侯は怒り、一三一〇年のパーラメントで王の行状を批判し、同じく不満をもつコモンズの要求とともに政治改革を訴えた。王は改革に同意し、聖俗諸侯二一名からなる改革勅令起草諸侯委員会が構成された。この委員会が起草した案がパーラメントでの討議をへて、四一カ条からなる勅令として一三一一年に公布された。寵臣の追放、財政改革、王の人事権・執行権の制限および パーラメントによる監督、王の軍隊編成権の制限、パーラメントの定期開催、司法改革などが盛り込まれている。王は改革に同意したが、ギャヴィストンの処分には反対したので、諸侯らは武装して彼を追放した。ギャヴィストンは翌年帰英し王にかくまわれたが捕えられ、裁判なしに斬首された。

改革勅令の項目のなかには諸侯の要求に沿う部分とならんで、一般民衆や在地の郷紳《きょうしん》(ジェントリ)の利害にかんするものが読みとれる。寵臣政治による直接の被害者にとってはギャヴィストンの追放でことは終わるはずであった。にもかかわらず王の行政権をパーラメントが監督するという構想が立てられているのは、パーラメントがもはや諸侯と王の封建的大会議ではなく、要求実現のためには州や都市の代表であるコモンズの出席が必須の機会となり始めたことを反映している。同時に運動の主導権をリンカン伯・ランカスタ伯が握ったことは、この段階ではコモンズは王権と直接交渉するルートをもっていなかったことを示しており、仲介者としての大諸侯の役割が機能した。

その後、王はスコットランドでの反乱の鎮圧に失敗し、一三一四年六月二十四日バノックバーンの戦いで、ロバート・ブルース軍に敗れた。反国王派の諸侯は一時的に国政への発言権を増し、評議会の筆頭とされたランカスタ伯を通じて利権や名誉を獲得した。国王に味方する宮廷派を除いて、一三一八年に聖俗諸侯からなる常任行政協議会が成立し、国政の実権を握った。一方国王は以前から宮廷派に属したヒュー・デスペンサ父子に助けられ、一三二〇年には宮廷を中心とした王の権威回復に成功する。王権の強化そのものは政権の安定につながるので、コモンズには反対の理由はなかった。息子のヒューには王から領地や官職が与えられ、新たな寵臣政治が始まった。ランカスタ伯は北英の自領地で政府批判を繰り返し、一三二一年にはデスペンサ一派を追放するようパーラメントをうながした。一三二二年、自ら王の拠点を攻撃したが、三月にはバラブリッジで国王軍に大敗して、有罪宣告を受けポンテフラクトで処刑された。彼は最大の封建領主ではあったが、国王や宮廷を批判するだけで、諸利害を代表する国政の責任者とはなれなかった。

一三二二年国王はデスペンサ父子を呼び戻し、反宮廷派のロージャ・モーティマを投獄した。バラブリッジの戦いののちヨークで開かれたパーラメントでは、一三一一年の改革勅令が廃棄され、一部党派による王権束縛の企図をあらかじめ無効とする法が制定された。このヨーク制定法はコモンズの同意権を明言した規定として評価されることもあるが、一般的同意を意味するにすぎないとの解釈もある。寵臣政治が復活し、デスペンサ父子は事実上王にかわって国政をとる。宮内府の長官になった子のデスペンサは行政を宮廷中心のものへと変化させ、王璽《おうじ》局を新設して国王財政を掌握できるようにした。その功のゆえに多くの領地を私物化しえた。諸侯の一部も宮廷から利権をえてその支持者となった。しかし所領や地位を奪われた諸侯、とくにウェールズ辺境諸侯からはきらわれ、ここに諸侯のあいだに宮廷派と反宮廷派の区別がみえ始めた。一三二四年にはデスペンンサ側が王妃の所領を奪ったことが契機となって、反宮廷派は王妃のまわりに集まってきた。なお一三二三年にはスコットランドとのあいだで一三年間の休戦協定が結ばれたが、国境紛争はおさまらなかった。

## 国王廃位

ガスコーニュで起きた英仏間のサン・サルド戦争の戦後処理交渉のため、一三二五年王妃イザベルが王にかわって渡仏した。王妃は弟であるフランス王シャルル四世を説得し、夫エドワード二世にかわって王子エドワードがアキテーヌ公としてシャルルに臣従するという合意をえた。当時十三歳の王子がフランスに赴いて臣従した。同じころデスペンサ派に追われてフランスにきていたロージャ・モーティマは王妃と出会い、王と宮廷派から被害を受けた者という共通点をみいだした。彼女は王子とエノー伯の娘との婚約と、伯からの軍事援助の約束を取りつけると、一三二六年九月二十四日、モーティマとともにサフォーク海岸に上陸した。各地で歓迎を受け、十月デスペンサの父を処刑、逃げる王をデスペンサの子とともに捕え、十一月後者を絞首刑に処した。

一三二七年一月ウェストミンスタでのパーラメントにおいて、王の廃位手続きが始まった。諸侯のほかに州や都市の代表、そしてウェールズの代表も召集され、国王の不行跡がならべ立てられ廃位の合意がつくりあげられた。幽閉中の王に退位への同意を強制し、一月末国王の廃位が確定した。ついで王子が宣誓しエドワード三世として即位した(在位一三二七～七七)。王妃の反宮廷クーデタが成功した。国王廃位という権力闘争が封建諸侯の武力行使によってではなく、コモンズを含めたパーラメントあるいはそれに類する集会での合意というかたちを取っておこなわれたことが、この事件の画期的なところである。

パーラメントを議会と呼べるか否かを判断する際に、州や都市の代表が恒常的に召集されていることと同様に重要なのは、彼らが権力にかかわる機会をもち、政治を動かしえたか否かという基準であろう。その意味では一三一一年のパーラメントと二七年のそれとは、それら以前の時代の封建集会的なものとは性格において一線を画すといえる。廃位された王はバークリ城において九月に王妃の命令で殺された。

### エドワード三世の親政開始

エドワード三世は十四歳で即位したものの、政治の実権は母后イザベルとその愛人ロージャ・モーティマに握られていた。モーティマはウェールズ辺境地方で自己の領地をふやし、官職や領地管理権を手にいれ、一三二八年にはウェールズ辺境伯の称号をえた。他の諸侯たちは彼のやり方に不満をもち、摂政となったランカスタ伯を代表に反宮廷派として行動した。一三三〇年ノッティンガム城でモーティマは逮捕され、ロンドンで処刑された。母后は引退し、エドワードは親政を宣言、大諸侯の共同の助言に基づく政治の実行を誓った。

王はスコットランド貴族エドワード・ベイリアルを援助して、ロバート・ブルースの息子でスコットランド王のデイヴィッド二世と戦わせた。ベイリアルは一三三二年ダプリンでデイヴィッド軍を破り、スコットランド王として戴冠した。しかし同年末アナンで襲われ、エドワードに助けを求めてきた。王は北上しベリックを囲んだが、スコットランド軍も南下し、ハリドン・ヒルでイングランド軍が勝利した。一三三四年にはイングランド王の宗主権を認めさせ、ベリック州を割譲させた。デイヴィッド夫妻はフランスへ亡命せざるをえなかったが、ベイリアルの支配権は未確立で、同年末にはふたたびイングランドへと逃れざるをえなかった。

その後もイングランド軍の侵入は繰り返されたが、一三三六年フランス王フィリップ六世は、デイヴィッドの復位を要求しエドワードを牽制した。エドワードにとってはブリテン島の統一は、ヴァロワ家との戦いを抜きにしては考えられなくなった。フィリップ六世にとっては、フランスの統一にとって不可欠な南仏のアキテーヌを自己の宗主権下におくためには、エドワードの力を削ぐ必要があり、一三三六年にはイングランド船を攻撃させ、ワイト島に上陸し略奪した。両王家の主権の確立意欲が実現するかどうかは、臣下あるいは住民を動員することが可能になるか否かにかかっていた。

### 百年戦争の開始

フランス王フィリップ四世の娘である母后を通じてフランス国王の血統を引いていると主張して、一三三七年十月九日エドワードはヴァロワ家のフィリップ六世にたいしてフランス王位を請求した。

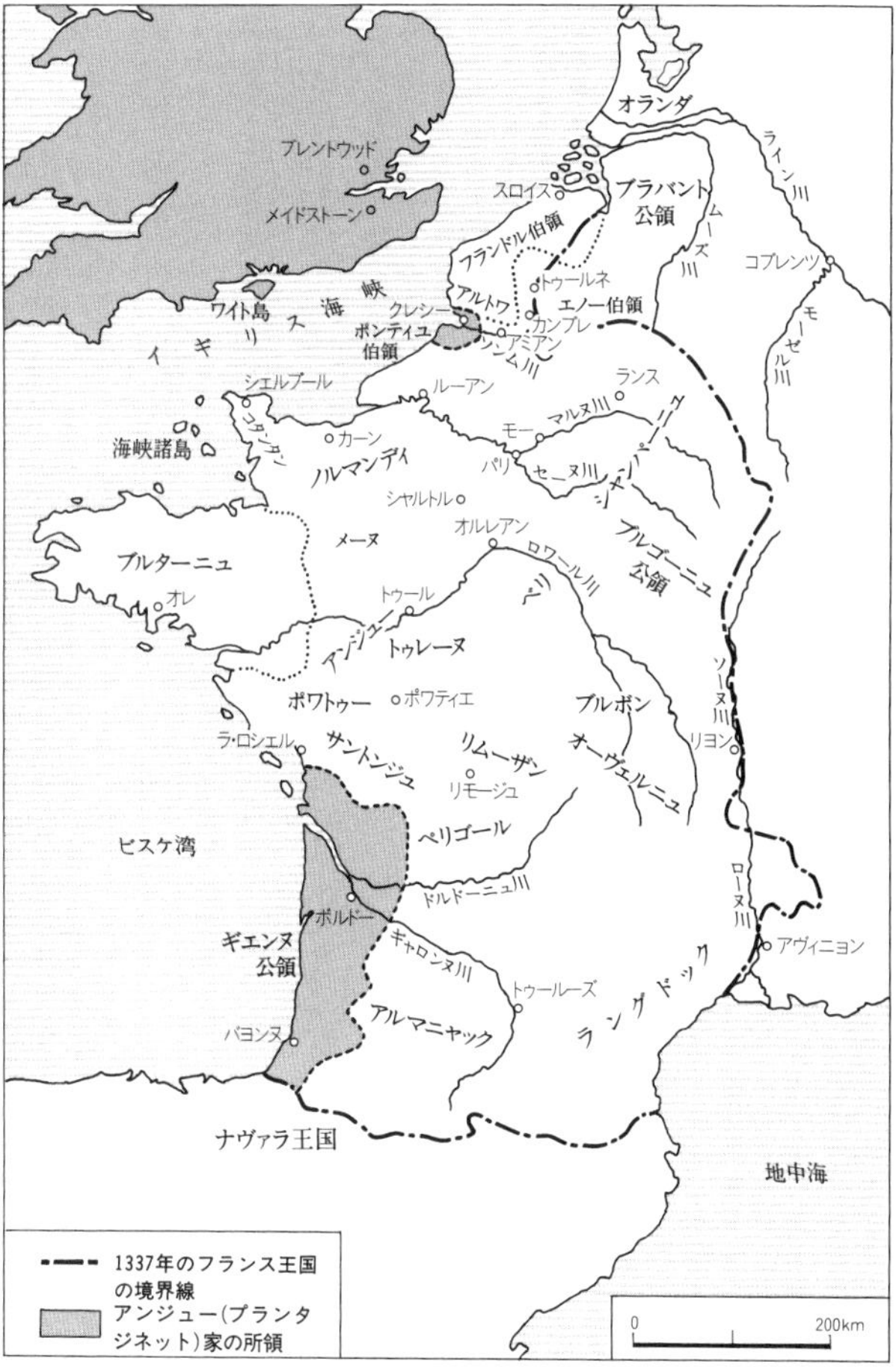
オランダ
ライン川
ブレントウッド
メイドストーン
スロイス
ブラバント公領
ムーズ川
フランドル伯領
コブレンツ
トゥールネ
アルトワ
エノー伯領
ワイト島
イギリス海峡
クレシー
カンブレ
ポンティユ伯領
アミアン
ソンム川
モーゼル川
シェルブール
ルーアン
ランス
コタンタン
マルヌ川
モー
カーン
海峡諸島
ノルマンディ
パリ
セーヌ川
シャンパーニュ
シャルトル
オルレアン
メーヌ
ブルターニュ
ロワール川
ブルゴーニュ公領
オレ
トゥール
ベリ
アンジュー
トゥレーヌ
ソーヌ川
ポワトゥー
ポワティエ
ブルボン
ラ・ロシェル
サントンジュ
リムーザン
リヨン
オーヴェルニュ
リモージュ
ペリゴール
ビスケ湾
ドルドーニュ川
ローヌ川
ボルドー
ギエンヌ公領
アヴィニョン
ギャロンヌ川
トゥールーズ
アルマニャック
ラングドック
バヨンヌ
ナヴァラ王国
地中海
1337年のフランス王国の境界線
アンジュー(プランタジネット)家の所領
0
200km
1337年のフランス

事実上これが契機となっていわゆる百年戦争が始まった。王位請求の主張とならんで、エドワードには対仏戦争の遂行がイングランド内の政治的権力闘争を棚上げし、戦争勝利という目標を掲げることにより、諸身分、とくに諸侯を国策としての戦争へと駆り立てうるという思惑があった。これをよく示すのが、戦争費用の負担を封臣だけではなく、イングランド住民一般におわせる一三三六年の議会《パーラメント》での動産課税決定と、商人会への戦時課税の要請である。さらに一三三八年ウォルトン法を制定して、王璽局の権限を強化し、大法官府と財務府という国家の公的機関を王の宮廷機関のもとにおいた。一三三九年にはカンタベリ大司教ジョン・ストラトフォードを国王代理とし、臨戦態勢を整えた。

しかし一三三九年には王の課税要求をコモンズは拒否し、諸侯も免税特権を既得権として主張して、王への協力を拒んだ。一三四〇年春、王は一時帰国したが、議会と妥協してかろうじて承認された関税の徴収に手間どり、資金の裏づけのないまま再渡仏した。スロイスの海戦で勝利し、トゥールネを囲んだが傭兵への給与の支払がとどこおったため、フランス王と休戦せざるをえなかった。軍費の不足が敗戦につながることが明白となり、一三四〇年十一月三十日、王は突如帰国して政治改革を断行した。尚書部長官と財務府長官は聖職者であったが、彼らを更迭し、俗人二人を補充した。徴税に協力しない地方役人を解任し、大司教の行政手腕の責任を問うた。

その決着は一三四一年春の議会でつけられた。召集された諸侯は、貴族は議会において同輩の面前

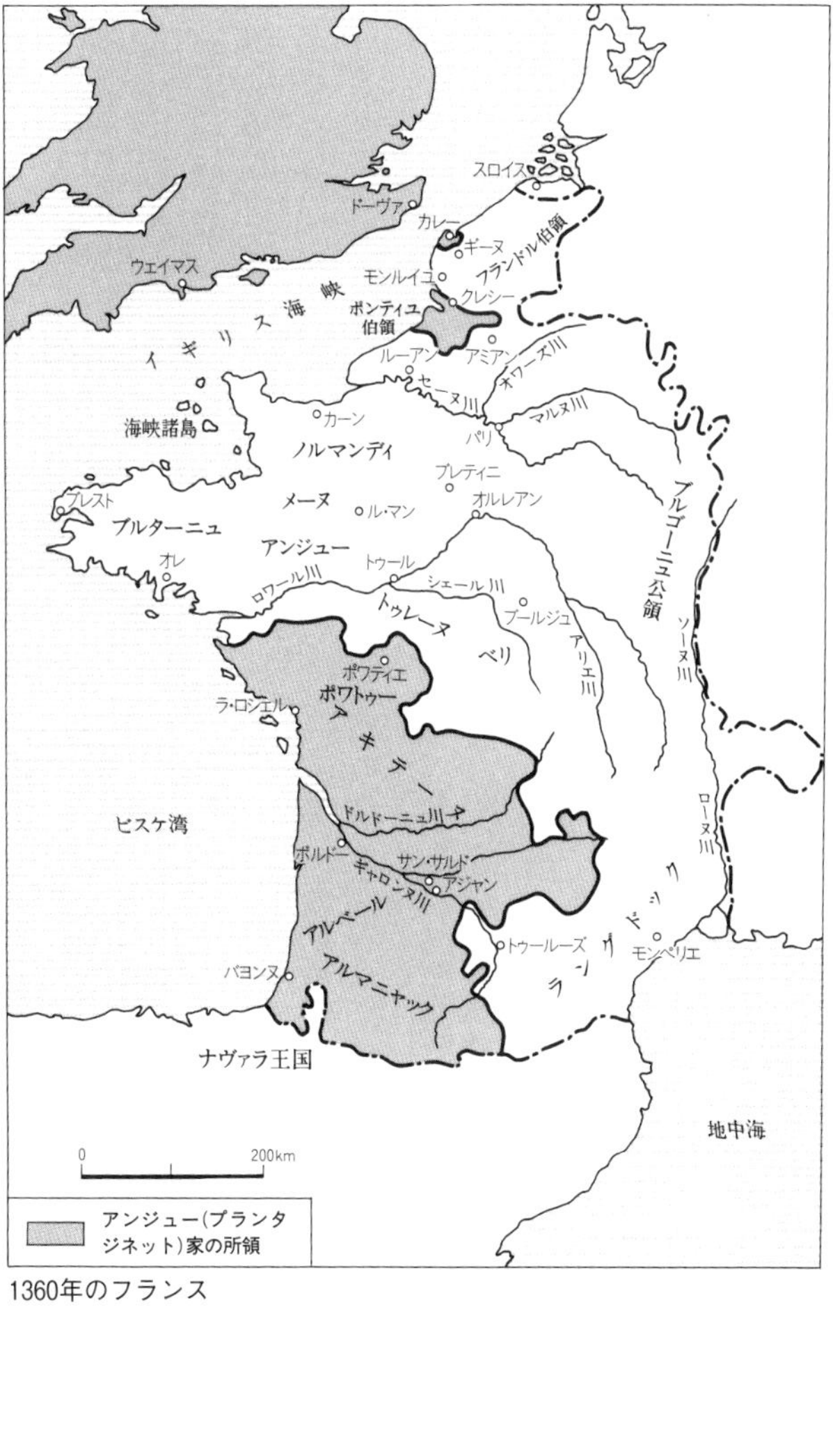
スロイス
ドーヴァ
カレー
ギーヌ
フランドル伯領
ウェイマス
モンルイユ
クレシー
イギリス海峡
ポンティユ
伯領
ルーアン
アミアン
オワーズ川
セーヌ川
マルヌ川
海峡諸島
カーン
パリ
ノルマンディ
ブレティニ
ブレスト
メーヌ
ル・マン
オルレアン
ブルターニュ
ブルゴーニュ公領
アンジュー
オレ
トゥール
ロワール川
シェール川
ブールジュ
トゥレーヌ
ソーヌ川
ポワティエ
ベリ
アリエ川
ラ・ロシェル
ポワトゥー
アキテーヌ
ドルドーニュ川
ビスケ湾
ローヌ川
ボルドー
サン・サルド
ジャロンヌ川
アジャン
アルベール
トゥールーズ
ラングドック
モンペリエ
バヨンヌ
アルマニャック
ナヴァラ王国
地中海
0
200km
アンジュー(プランタジネット)家の所領

1360年のフランス

で審理されるべきであると主張し、王が大司教を財務府で私的に糾問する態度を非難した。その結果、議会における会計監査が義務づけられた。また財務府や尚書部の長官などは国王と議会の貴族《ローズ》たちの同意により任命され、議会にたいして法律遵守の宣誓をなすべきこと、さらにはこれらの役人は議会開催時にいったん職を解かれ、それまでの職務上の不満申し立てに答えるべきことなどが、王から認められた。しかし十月には王はこれらを取り消した。

一三四一年以降イングランド軍はノルマンディやブルターニュで領土を拡大しつづけていた。そのひとつの山場は一三四六年のクレシーの戦いとカレーの包囲である。同じ年の十月にはスコットランド軍をネヴィルズ・クロスで破り、その国王デイヴィッドを捕えた。一三四八年から翌年にかけての黒死病の流行により一時休戦したが、一三五一年からふたたび戦争が始まった。一三五六年には黒太子エドワードがボルドーからベリを攻め、九月にはポワティエの戦いで大勝し、国王ジャン二世を人質にした。フランスではジャックリの乱などで政府の無力がさらけだされ、一三六〇年エドワードはパリを包囲し、ブレティニで講和条約を結んだ。エドワードはフランス王位への主張を放棄するかわりに、占領した広大な領土を承認させた。それはノルマン征服王やアンジュー家の王たちの世襲的家産に匹敵するほどである。一三六三年には確保したカレーがイングランドからの羊毛輸出の基地となり、戦争の利益はこの地に利害を有する商人たちにもおよんだ。

## 議会貴族身分の形成

一三六八年にはガスコーニュ諸侯の反乱があり、翌年にはアキテーヌで英仏間の戦闘が再開した。このころから黒太子が病にかかり、かわってエドワードの四男ランカスタ公ジョン・オヴ・ゴーントが指揮をとった。負け戦が続き、一三七四年にはカレー、ボルドーなどを残し他の占領地を失った。一三七一年黒太子がイングランドに戻り、七四年ジョンもこれに続いた。評議会でジョンは戦争遂行に熱意のない聖職者が政府の要職を占めている点を攻撃したが、彼にたいする非難も聞かれるようになった。その背景はつぎのようなものであった。

軍事力や所領の大きさによって自然発生的な意味で諸侯とみなされた十三世紀以前の社会と比べて、十四世紀以降になるとそれらの属性がなくても、諸侯のうち議会に個人宛令状で召集された者をピア、すなわち議会貴族身分と呼ぶようになる。エドワードは自分の子供たちを諸侯の子女と結婚させて、王家の関係者としての家系づくりを進めた。そして一三三七年の議会で六つの伯家を創設し、イングランド最初の公であるコーンウォル公に自らの長子を叙した。その後一三八五年には侯、八七年に男、一四四〇年には子といった爵位が王によって授与され始めた。一三八七年、大所領主でもなく議会に招かれた経歴もない騎士ジョン・ビーチャムを王の勅状がキダミンスタ男《バロン》にしたとき、議会貴族身分は家柄によってではなく、国王の権限がつくりだすものであるとの前例がつくられた。

高位聖職者は司牧のゆえに貴族であるのではなく、王から封を受ける諸侯として以前から議会へ召集されていたが、一三四一年にカンタベリ大司教が世俗諸侯から同等者《ピア》であると承認されているように、このころまでには高位聖職者は議会貴族となっていた。州代表は一三三〇年代から都市代表と合同してコモンズすなわち庶民院のもとを形成する。百年戦争では世俗諸侯は戦争への参加によって軍費を与えられ動員を請け負ったから、利益をえるものもいた。しかしそれ以外の諸侯には利益はなく、またコモンズは税負担と戦争の利益との差し引き次第では政府をも、また軍事指揮者をも批判する立場にあった。こうして議会には国王の政策によって利益をえた議員と、不利益をこうむった議員とが同席することになった。

フランスでの敗戦ののち、召集された一三七五年の議会では、コモンズは提案された課税案に反対した。翌七六年四月ウェストミンスタでの議会でもコモンズは課税案に反対し、当局者の処罰、腐敗行為の摘発、弾劾を要求した。王の愛妾《あいしょう》アリス・ペラーズやランカスタ公ジョン・オヴ・ゴーントへの批判が公然と叫ばれ、同時にローマ教皇によるイングランド教会への財政的搾取も非難された。この搾取を容認する聖職者がイングランド内にいることも指摘された。交渉の結果、アリス・ペラーズを追放すること、九名の聖俗諸侯からなる評議会へ国王を補佐する権限を授与すること、侍従長ウィリアム・ラティマを含む三名の廷臣と四名のロンドン市民の告発、ラティマと宮内府長官にたいする弾劾等が決められ、それとひきかえに三カ年分の関税が承認された。議会が政府要職者を弾劾しうることを実際に示した点で画期的なこの議会は、善良議会と呼ばれている（両院の区別の萌芽は一三四一年ころ)。その際、コモンズの主導性にはもちろん注目すべきであるが、弾劾手続きには貴族院の同意が不可欠であり、上下両院の協力が成立しえたのは、庶民院議長ピータ・ド・ラ・メアがウェールズ辺境伯家のステュワード(家宰)であり、両院に人脈をもっていたという事情も見逃されてはならない。身分制と人脈とで成り立つ国制であった。同年末にはジョンはこの議会決議を批判し取り消させようとするが、一三七七年の議会でも、彼は批判された。

## 2 黒死病と農民一揆

### 黒死病

イングランドでは十三世紀末までに中世の農業技術はほぼ頂点に達しており、開墾可能地は限界まで耕され、農業生産の量的成長はとまった。しかし人口の増加傾向はすぐにはやまなかったので、十四世紀にはいると凶作による餓死者が出始めるほどであった。一三四七年地中海東部からヨーロッパに侵入した腺ペストと考えられる疫病が、翌年初めまでには南イタリアやフランスの港町を襲い、カスティリャへ嫁ぐ旅の途中にあったエドワード三世の娘ジョーンもアキテーヌで罹患《りかん》、死亡した。同年八月にはイングランド南部のウェイマスに上陸し、十一月にはロンドンに達した。翌年春には北上

15世紀グロスタシァの廃村　黒死病流行によって加速された人口減少で耕作が放棄されたイングランド中部のミドル・ディッチフォードでは，15世紀半ばに村が消え，帯状の耕地は牧羊地へと転用された。

しイースト・アングリアで猛威を振るい、同年末にはランカシァにも広がった。アイルランドには一三四九年に到達し、スコットランドでも一三五〇年には戦争を中断させるほどの犠牲者をだした。場所によっては人口の半分ないし三分の一を失う所もあった。犠牲者は農民とくに農民の子供と下級聖職者に多く、諸侯層には少なかった。一三六一年と六九年そして七四年にも同様の流行がみられた。

疫病は人々に恐怖心を与えたが、それだけではなく耕作者を失い打ち捨てられる耕地が出始め、領主は日雇い労働者を使って直営地を経営せざるをえなくなった。労働力不足から、賃金が平均すると約一八％も高騰した。食品価格は当初は恐怖心から購入者が減り一時的に下がったが、その後は一三七〇年代まで上昇しつづけた。労働力に余裕のある農民にとっては、耕作者のいなくなった耕地をゆずり受ける好機となった。農民が領主に支払う地代は下落し、経営規模を拡大した農業者の収入は相対的に豊かになった。一三六三年の奢侈《しゃし》禁止法が、豊かな一部の農業者などが奢侈品を購入するのを規制したのはこの状況においてであった。

政府は一三四九年に勅令をだし、議会は一三五一年に労働者規制法を制定して、領主直営地その他の場所で働く労働者の賃金を黒死病前の水準にとどめ、違反者を処罰する労働者判事の設置を決めたが、規制が功を奏したのは地域的にも時間的にも限られていた。労働者判事に任命されたのは村の地主、ジェントリ、エスクワィア(騎士の従者身分)が大半を占めていた。彼らは農民に不払い労働を強制したり、労働者を低賃金に働かせる法的根拠をえたが、実際には農民や労働者は規制を守ろうとせず、一三六〇年代にはかえって彼らがそれまでおかれてきた対領主関係そのものの変更を求めるようになった。

## 人頭税

善良議会の開催中に黒太子が病死したので、ランカスタ公ジョン・オヴ・ゴーントが評議会の筆頭として国政を指導した。コモンズの議長ピータ・ド・ラ・メアは逮捕され、改革に好意的なウィンチェスタ司教ウィッカムは宮廷から追われた。一三七七年一月に召集された議会では、ランカスタ公が弾劾など善良議会の決定を取り消させた。対外戦争の費用をまかなうための財源として、これまで特別援助金、羊毛関税、聖職者課税が徴収されてきたが、コモンズは議会で関税収入の減少に対処するため提案されていた新税の導入を論議し、十五分の一税と十分の一税の二重課税か、消費税か、軍役代納金か、炉税かの選択を迫られた。結局すべてを拒否して十四歳以上の人に一人当たり四ペンスの人頭税賦課を、エドワード三世の在位五〇年を記念して、恩赦とひきかえに受け入れた。同時期に開かれていた教会会議では、司教たちはランカスタ公にたいする矛先を、彼の保護するウィクリフに向けた。しかし二月の会議に召喚されたウィクリフがランカスタ公の影響力によって追及をまぬがれると、興奮したロンドンの住民たちは公の関係者たちとその財産を襲った。ロンドン司教がなだめて騒ぎはひとまずおさまった。その後聖職者も一人四ペンスの負担を受け入れた。

六月、エドワード三世がなくなると、長子ですでに没していた黒太子の子である十歳のリチャードが王位に就いた(二世、在位一三七七〜九九)。ランカスタ公は摂政職をねらっていたし、他の二人の叔父エドマンドとトマスも存命していたが、結局摂政はおかれず評議会による統治体制がとられることになった。その筆頭は変わらずランカスタ公で、彼はフランスとの戦争を再開したものの戦果をあげることができず、費用の負担を課税に求めた。

先に決定した人頭税は徴収に失敗した。正確な人口把握ができていなかったためである。一三七九年には議会でふたたび人頭税賦課が決定され、公の六ポンド一三シリング四ペンスから農民の四ペンスまで、十六歳以上の男女に課された。段階を設けたのは不公平感を隠す意図があったが、それでも脱税者がでた。さらに翌一三八〇年末、三度目の人頭税賦課が貴族院の示唆に基づいて決められた。

農民は貧富の区別なく一人一二ペンス、農民の十五歳以上の未婚の子からも徴収されることになった。政府は徴税を委員に請け負わせ、予定額の三分の一を一月に財務府に払い込ませた。脱税者が二〇～五〇％と多く、その対策として政府は翌年初めから人口調査をやり直し、三月からは特定の州やハンドレッド（郡）に調査委員と徴税委員を派遣した。

## ワット・タイラの一揆

一三八一年五月なかばまでにはロンドン周辺の諸州で人頭税徴収に抗議する活動が噂されていたが、五月三十日ころエセックスのブレントウッドで、調査にきたジョン・バムプトン一行が、フォビングの村人によって暴行を受けるという事件が起きた。この知らせはただちにロンドンへと伝わり、評議会が鎮圧隊をさしむけるという噂が広まり、エセックスとロンドンの民衆に蜂起を呼びかける伝言が流された。翌日には調査にきた王座裁判所の裁判官ロバート・ビールナップが、ブレントウッド近くで襲われた。同日ケントでもレスニス修道院が襲われ、叛徒はテムズをこえてエセックスから人を集め出した。政府の役人や裁判官が襲われ、領主館の文書類が焼かれて農奴制の証拠が消滅した。六月七日には、はじめて一揆の指導者としてワット・タイラがケントのメイドストーンにあらわれた。身分制度の不平等さを攻撃した演説で有名なジョン・ボールも、ここで一揆側の指導者として登場した。一揆軍はロチェスタ、カンタベリを占拠したのち、十二日にはロンドン近くのブラックヒースに集結

サヴォイ宮　14世紀になると貴族はロンドンの邸宅に住み，生活は豪華になった。これは国王リチャード２世の叔父ランカスタ公ジョン・オヴ・ゴーントが所有したもの。

し、一部の叛徒はラムベスの大司教の館を襲い、マーシャルシー監獄を開放した。国王リチャード二世はウェストミンスタをでてロンドン塔に避難した。

ロンドンの市長ウィリアム・ウォルワースは一揆軍の侵入を阻止しようと手配したが、ロンドンの住民の一部が手引をして、十三日タイラらに率いられたケントの一揆軍は南から、エセックス軍は北からロンドンにはいった。ランカスタ公は直前にスコットランド方面へでかけており留守であったが、彼のサヴォイ宮が攻撃を受けた。ジョン・ボールの有名な演説はこの日のものといわれている。国王とその側近たちはこの状況にたいして有効な策を立てえず、ただ幼い王のみが一揆軍にたいして声明を発表し、彼らの要求をすべて受け入れるゆえ故郷に帰るように説得した。一揆参加者はその具体性のなさに失望し、翌日マイル・エンドでの会見を王に約束させた。翌朝ジャック・ストローらの一群が財務府長官ロバート・ヘイルズの荘園を焼いた。

王はロンドンの東、マイル・エンドの野原にあらわれ、一揆軍の要求をすべて受け入れた。要求の内容は農奴制の廃止、一揆参加者への恩赦、取引・売買の自由、地代を一エーカー当たり四ペンス以下とすることの四点で、そのほかに王への反逆者を処刑する許可を求めた。王の承諾をえた彼らは、大司教や財務府長官らを処刑した。

満足した一部の参加者は帰郷したが、まだ多くの者が残り、国王に再度の会見を求めた。十五日午後、当時ロンドン市壁の外にあったスミスフィールドで、タイラは国王にウィンチェスタ法以外のいかなる法律もおこなわしめないように、何人も法外措置宣告されないように、領主権の廃止を、そして教会財産を没収して民衆に分配するようにと要求した。国王は、すべて要求を受け入れるので帰郷するようにと伝えた。その直後、市長のウォルワースがタイラを挑発し、殺した。残された一揆軍は四散し、その指導者たちの何人かが殺害されて、この地域の一揆は終息した。その後もイースト・アングリアやヨークそして中英部でも一揆は生じたが、ほぼ六月中に衰退に向かった。政府は巡回裁判を実施して首謀者を処刑した。

この一揆はこれまで農民一揆とよばれてきたが、参加者は農民だけではなく、手工業者、日雇い労働者、地主などさまざまである。都市でも蜂起が起きている。一揆参加者の要求した農奴制の廃止はこの事件の結果突然廃止されたわけではなく、十四世紀末までに徐々に衰退、廃棄された。ケントやエセックスなどではむしろ、十四世紀前半までに農奴制は衰退していた。人頭税の脱税率はこの地域ではむしろ低く、それが蜂起の主原因とはいえない。参加者たちが政治的に無知であったともいえない。ロンドン商人リチャード・ラヤンズは一三七六年の善良議会で弾劾されたが、その直後に民衆に襲われて殺されたからである。ランカスタ公への不満や、フランス艦隊によるイングランド南岸への攻撃にたいする防衛の呼びかけをみても、彼らが政治情報に通じていたことをうかがわせる。政治的組織あるいは階級的結集組織としての農民団体がいたとは考えられない。蜂起は自然発生的で、ボールの有名な演説はかなり以前から他の説教者によってもおこなわれていた。しかしそれまでの封建的主従関係や身分制的人間関係においては正当な位置を与えられていなかった農民や民衆が、国王と直接交渉することが可能となる政治状況が、イングランド史上に登場したことは評価されるべきである。

## 3 ランカスタ朝の成立

### リチャード二世の寵臣政治

広範な地域を巻き込んだ農民・民衆による一揆が鎮圧されると、議会の貴族院の構成員である貴族たちも、庶民院の構成員であるジェントリや都市民たちも、資産所有者としての自己の立場を守ろうとしはじめた。一三八二年、リチャードは十五歳でアン・オヴ・ボヘミアと結婚した。フランスとの戦争はイングランドにとって不利な方向に傾いた。フランドルでもフランス軍が勝利し、一三八三年ノリッジ司教が唱道した十字軍名目でのフランスへの出兵はまったくの失敗となり、フランドルは仏王の支配下にはいった。一三八五年王は自ら軍を率いてスコットランドへ侵入し、エディンバラを焼いたが、その成果は長くは続かなかった。一三八六年にはフランス艦隊はスロイスに集結し、イングランド攻撃の機会をねらっていた。

こうした状況のもとで王は寵臣政治を始めた。一三八五年スコットランド戦役から戻ると、幾人かの側近に爵位を与えた。二人の叔父をそれぞれヨーク公、グロスタ公とし、尚書部長官のマイケル・ド・ラ・ポールをサフォーク伯に、寵臣ロバート・ド・ヴィアをまずオクスフォード伯、すぐにアイルランド侯、続いて公爵とした。先の二人は王の血縁者であると同時に有力な諸侯であるか、広大な領地支配者であり、ド・ラ・ポールは行政官僚でもあったから、彼らの配下の人民と土地にたいする支配力や行政力を王は期待しえたが、ド・ヴィアはアイルランドにはなんら支配力をもっておらず、公位は彼に王の側近として政治に携わる資格を与えるためだけの名目的な称号にすぎなかった。あとの二人は王権の庇護を背景に他の有力諸侯を宮廷から遠ざけ、宮内府に権力を集中して議会を軽んじる統治の方法をとった。王が彼らを重用したため、彼らは王の権力や財産をあたかも私物のように扱った。

一三八六年ランカスタ公は再婚相手の権利をとおしてカスティリャ王位を主張し、海外へ旅立った。

公への遠慮が消えると王の寵臣政治にたいする不満の声が、サフォーク伯と対立し王の恩顧から排除されたグロスタ公の周囲の人々からあがった。一方コモンズはこれとは別に、一三八六年の議会で王が封主として手に入れた土地や財産を寵臣に恩顧として気ままに与えることを咎《とが》め、また課税は同意により与えられるものであるから王が恣意的に賦課しうるものではないことを主張した。議会の要求に基づいてグロスタ公らは王にサフォーク伯を尚書部長官から解任するよう求めた。コモンズはサフォーク伯を弾劾し、罰金を科したうえ、恩顧でえた土地や財産は没収された。寵臣政治にかわって十一人からなる任期一年の常設評議会の設置が議会で決まり、国政のみならず王の宮廷をも監視することになった。

　常設評議会の政治は、アランデル伯の率いる軍がフランス、フランドル、スペインの海軍を討ち破るなど順調にみえたが、王は評議会政治の恒常化を懸念して、裁判官に評議会の不法性を判決させ、一三八七年七月ウェールズで集めた軍隊を率いてロンドンに向かった。これにたいして反逆罪告発貴族と呼ばれたグロスタ公、アランデル伯は他三人の伯（ダービ、ノッティンガム、ウォリック）とともに武器をとり、ロンドン市外にでて支持を求めた。寵臣のうちサフォーク伯らは海外へ亡命し、アイルランド公はチェシァやランカシァで兵を集めてロンドンに迫ったが、一三八七年十二月二十日ラドコット・ブリッジの戦いで敗れ海外へ逃亡した。寵臣政治は瓦解した。

　一三八八年二月、無慈悲議会と呼ばれたウェストミンスタでの議会で、グロスタ公らは王の側近五人を反逆罪で告発した。亡命中のサフォーク伯とアイルランド公は欠席のまま死刑を宣告された。ほかにも王の側近の役人や裁判官たちが逮捕、追放された。寵臣政治にかわった評議会は権限をこえて粛正をおこなったため、相手方の恨みをかう結果となり、対スコットランド戦にもオタバーンで敗れて支持を失った。常設評議会が任期どおり一年で終了すると、王は親政宣言をしてグロスタ公、アランデル伯を評議会から追放し、ふたたび主導権を握った。ランカスタ公の帰国もあって王の恣意はおさえられ、一三九三年まで安定した政治状況が続いた。

王はフランスにたいして和平策をとり、一三八九年には三年間の休戦協定、九六年にはリチャードとフランス王の娘イザベルとの結婚とともに、二五年間の休戦協定が結ばれた。しかし、ブルターニュのブレストその他の要塞をフランスに引き渡したことは国民には不人気であった。王は一三九七年ランカスタ公の三人目の妻キャサリンの連れ子たち(ボーフォート家)を認知し、またランカスタ公の子ダービ伯ヘンリやノッティンガム伯など、かつて反逆罪告発貴族であった者を宮廷派へと懐柔する一方、グロスタ公とアランデル伯を逮捕し、反逆罪で告発させた。公は密かに殺され、アランデル伯は処刑、ウォリック伯は投獄された。一三九八年一月、シュロウズベリで開かれた議会で無慈悲議会での決定をすべて無効とし、王の権限が何者にも拘束されないことを宣言し、議会を寵臣からなる評議会に従属させた。また国王に関税を生涯にわたって与える決定をおこなわせ、さらにランカスタ公の二人の息子はやがて国外へ追放されたため歯止めはなくなり、寵臣政治が復活した。ノーサンバランド伯のパーシィ家のもつ北英支配権を王が脅かしたことは、王の恣意がどの諸侯にもおよびうることを示した。

一三九九年二月ランカスタ公が死亡し、王はその相続人で追放中のヘンリへの領地引き渡しを拒み、事実上相続権を奪った。五月アイルランドでの反乱を鎮圧するため王がイングランドをあとにすると、ヘンリはヨークシァのレイヴンスパに上陸し、パーシィ家や国王代理のヨーク公の支持をえた。王はウェールズの兵にシュロウズベリへの集結を命じて帰国したが、大半の貴族はヘンリについた。仲介者の立ち会いで両者は会見し、九月二十九日リチャードは退位に同意させられロンドン塔に投獄された。翌日、議会ではリチャード廃位が承認され、ヘンリは議会に集まった人々の承認を受けて、空位となっていた王位に就いた(ヘンリ四世、在位一三九九〜一四一三。ランカスタ朝の成立)。リチャードは翌年二月ころ獄中で死亡したらしい。

## ヘンリ四世のアフィニティ

ヘンリ四世時代のブリテン島にはスコットランドやウェールズでの反乱が続いたが、いずれの場合もフランス勢力の介入がみられた。一四〇四年にはウェールズ領主とフランス王の協定が成立し、一四〇五年のオウェン・ブリンドゥルの蜂起および辺境伯モーティマの策謀にはフランス軍が参加した。スコットランドでは国王ロバート三世の長子ロセス公と王の弟アルバニ公とが摂政位をめぐって争い、前者が殺されたのを受けて、一四〇六年、王家は次子ジェイムズをフランスへと逃亡させたが、船中のジェイムズをイングランド軍が捕え、イングランド王家が彼を拘束した。同年四月ロバート三世が死亡したためフランス王はアルバニを支援し、イングランド勢力を牽制した。イングランド王家とフランス王家との戦争は、ヘンリ四世の治世前半はおさまっていたが、一四〇五年にフランス王シャルル六世が精神を患ったことが公表されると、一四一一年に始まる王家とブルゴーニュ家との戦闘に触発されて、イングランド王はふたたび大陸へ軍を送り出すことになった。どちらの王家にとってもその主権のおよぶ範囲が明確になるほど強力ではなかったので、いわば境界を接するところではどこでも対立が生じたのである。

周辺の状況がこのように不安定であったうえ、アンジュー家男子直系最後のリチャードから王位を継承する際に、議会での承認と多数の貴族の支持を必要としたランカスタ家のヘンリ四世は、自らの王位を確立し、子孫への継承を確実にするために努力した。ヘンリが支持を頼んだ貴族の最初のグループは、リチャード二世の一三九七年のクーデタにより犠牲となった家柄、すなわちウォリック伯家、アランデル伯家、グロスタ公家、スタフォード伯家である。つぎにヘンリは、リチャード派であった王の寵臣たち六人にも寛大な処置をとり、年金を与えて自己の陣営に取り込もうとした。とはいえそのうちケント伯トマス・ホランドとハンティンドン伯ジョン・ホランドとがリチャード復辟《ふくへき》の陰謀をめぐらしたことが発覚したため、一四〇〇年王は彼らを処刑した。イングランド北辺の諸侯を取り込むのは簡単ではなかった。ノーサンバランド伯のパーシィ家は一四〇三年に反乱を起こし、ヨーク大司教リチャード・スクロープもこれに連動して、一四〇五年民衆を蜂起させた。しかしヘンリはウェストモーランド伯ラルフ・ネヴィルを自らの側に取り込み、彼の努力で一四〇八年までにはパーシィ家関連の反乱を鎮圧するのに成功した。

この間ヘンリは味方についた諸侯には恩顧を与え、諸侯のかかえる扈従《こしょう》を王の年金で支えた。他方この政策にもれた諸侯たちやそれに反抗した諸侯とは敵対した。武力で決着がつけられ、国王側が勝利することで、王を頂点とする巨大なアフィニティ(従者団)が成立した。しかしこの年金支給をまかなう財源は主として王領収入であったから、支出が増大するとほかに財源をみつける必要があった。リチャード二世時代に王の寵臣に与えられていた王領を収公したがそれでは不足した。コモンズへの課税を提案するが、一四〇四年の議会ではコモンズがこれを承諾しなかった。コモンズは王が課税を自粛するだけでなく、恩顧政策つまり年金の過剰配分を自粛すること、いわば緊縮財政を要求した。妥協の結果成立したのが、前例のない土地所有課税と教会領の収公である。結果的には、前者は徴収しえた額が不十分で実質的効果はなく、後者はウィクリフの流れをくむロラード派の主張と似かよっている点を教会が指摘したため撤回された。やむをえずコモンズは、一三六六年以降恩顧として王から臣下に与えられていた収入権を王の手に回収することを条件に、課税に応じた。

コモンズの要求は住民の共有財産としての王領を観念していたともとれる。一四〇〇年から〇四年の期間には王の側近役人や評議会に、それまでとは変わってジェントリ出身者がふえたことは、王とコモンズとの協力関係を示すかもしれない。しかし一四〇五年パーシィ家の反乱を鎮圧すると、王の統治方針はふたたび諸侯の扈従団への依存、地域社会に人脈をもつ諸侯に地方行政を依存する状況へとあと戻りする。それにともない中央政界でのジェントリの活躍の余地は狭まった。一四〇六年には三度にもわたって評議会が改組された。一四〇一年、カンタベリ大司教の提案で貴族院の賛成をえた異端焚刑《ふんけい》法が庶民院に示されたとき、同意をえやすくするためにロラード派の異端者へ弁明の余地を残すべしとのコモンズからの請願が、同時に受け付けられていることや、一四〇七年グロスタでの議会で献金や課税の提案権をコモンズに認めたことにみられるように、王はコモンズとも協調しつづけるが、フランスでの戦争の状況が、ヘンリにふたたび諸侯重視の政策へと向かわせる。

フランス王家とブルゴーニュ家との闘争が表面化すると、それまでの対仏和平策よりも、大陸への出兵、フランスとの戦争再開が、王家にとり、またイングランドの有資産住民にとって利益の上がる政策として主張され始める。ヘンリ四世が一四〇八年に病気になると、主戦派の王子ヘンリの人気が高まった。一四〇九年対スコットランド和平が固まったのち、保守派のカンタベリ大司教トマス・アランデル尚書部長官の後任にランカスタ家の傍系ボーフォート家のトマスがあてられると、王子ヘンリは一四一〇年から評議会の主導権を握り、翌年にはブルゴーニュ派に援軍を送るかたちで大陸への派兵を決めた。

一四一二年、王は評議会を改組して主戦派をおさえ、もう一人の王子トマスにあらたな評議会を組織させた。この評議会はブルゴーニュ派の反英活動を懸念してそれまでの政策を転換し、ブルゴーニュ派と対立していた親仏王勢力のアルマニャック派と提携した。イングランドの評議会の方針転換を怒ったブルゴーニュ公は、イングランド王との同盟を破棄した。親ブルゴーニュ、対仏積極策、主戦派の王子ヘンリと、イングランド王家のガスコーニュ領有の維持、対仏和平策をとろうとするヘンリ四世との意見の食い違いが目立ってきた。しかし王は健康を害し、一四一三年三月に没した。

### ヘンリ五世

ヘンリ四世の長男ヘンリは三月二十一日に即位したが（ヘンリ五世、在位一四一三～二二）、当時王位を争う競争者はなく、ランカスタ家による王位の継承は定着した。父王は晩年彼の弟トマスを重用したが、ヘンリの即位後はトマスは兄によく仕えた。もう一人の弟ハンフリもヘンリの存命中は従順であった。叔父のウィンチェスタ司教ヘンリ・ボーフォートは以前からヘンリの相談相手であったが、即位後は保守派のアランデルにかわって尚書部長官に任命された。そのほか財務府長官や裁判官をも更迭した。父王の末年以来の政治課題はロラード派対策と対フランス政策であった。当時財務府は赤字財政を克服し、対外戦争を実施するに十分な条件が整っていた。治世のはじめに生じたオールドカースルの反乱およびサウサンプトン陰謀事件という二つの陰謀事件が、ヘンリ五世の施政方針を決めることになった。

ジョン・オールドカースルは妻の権利をとおしてコバム卿の称号をもつ騎士で、ヘンリが皇太子の時期に彼の扈従《こしょう》となった。教養ある騎士として聖書のみならずアリストテレスをも読み、ボヘミアの異端者の審問官たちにたいして一四一〇年に書かれた彼の手紙は、論争点にかんする広い知識とふさわしい文体とで、注目されている。一四一三年九月二十三日カンタベリ大司教に審問されたが、異端とされた信仰を変えず、ロンドン塔に収監されて十一月四日に焚刑にかけられることになっていたものの、十月十九日には脱走した。一四一四年一月九日を期してロラード派が結集し蜂起するとの噂が流れた。密告によって集結地がセント・ジャイルズ・フィールズであることを知った国王側が先手をとって待機し、集まったロラード派群衆を捕え、殺した。オールドカースル自身は逃亡した。逮捕者はただちに裁判で反逆者と判決され、処刑された。この国では以後ロラード派の勢力は衰退した。オールドカースルも一四一七年に捕えられて焚刑死した。この事件の結果、焚書がおこなわれ、国王の異端思想への統制権は強められた。一四一四年から始まっていたコンスタンツの教会会議において、教皇庁の分裂問題が解決して、マルティヌス五世が選ばれ、ボヘミアのフスの火刑が決まった。

対仏戦争再開を以前から構想していたヘンリにとって、フランスでの政治状況がそれをうながした。一四一三年パリでブルゴーニュ公支持派の民衆が反乱を起こしたが、アルマニャック派が巻き返し、ブルゴーニュ公が退去させられるという事態が生じた。ヘンリはブルゴーニュ派を支援するというかたちでのフランス侵入の計画を立てた。一四一五年の大評議会はこれを承認した。派遣される軍隊の集結地はサウサンプトンであった。このとき王位簒奪の陰謀が露見した。エドワード三世の子ライオネルの子孫で、リチャード二世が晩年後継者に指名していたといわれる辺境伯エドマンド・モーティマを王位に就けようとする陰謀で、首謀者はヨーク公エドマンドの息子のケンブリッジ伯であり、元財務府長官スクロウプ卿やサー・トマス・グレイらと謀った。ヘンリは密告によって陰謀を事前に知り、首謀者三人を処刑し、フランスへと出発した。

ヘンリはフランス、ル・アーヴルに上陸すると、九月から十月にかけてめざましく戦って勝利を続け、十月二十五日、アザンクールでの戦勝でオルレアン公を捕虜にして、十一月に帰国した。議会は王に特別援助金を与えた。王は弟のベドフォード公をフランスでの戦争にさしむける一方、来英した神聖ローマ皇帝ジギスムントと会談し、教皇庁分裂問題以後の対仏政策を話し合った。王はブルゴーニュ派支持を決めていたが、一四一七年になるとフランスではアルマニャック派が、十四歳の王太子シャルルを確保してパリを支配していた。ヘンリはブルゴーニュ公支援のため再度フランスに渡り、数週間のうちにノルマンディを支配下においた。一四一九年夏、イングランド軍はパリ市壁にまで迫り、ヘンリにとって有利な状況のもとで一四二〇年五月二十一日、トロワの条約が結ばれた。これによりヘンリはフランス王シャルル六世の国王代理としての権限をえ、王の娘カトリーヌと結婚し、それまでに獲得していた領土を承認された。その後一四二一年、王弟クラレンス公トマスがボージュで戦死したため、イングランド軍救助に向かった。ヘンリはフランス軍をロワール河南へ退却させたが、モーの包囲に手間どるうち病気になり、翌年三十五歳でパリ郊外で死亡した。

## 百年戦争の終結

トロワの条約が結ばれた一四二〇年、スコットランド王のジェイムズはイングランドで捕虜になっていたが、国政をあずかる摂政のアルバニ公が八十歳で死んだため、王の帰国を望む声が高まり、一四二三年のロンドン条約に基づき六万ポンドの身代金で、ジェイムズはスコットランドへ戻ることになった。彼は対イングランド友好の立場をとったため、ヘンリ五世を継いだ幼王ヘンリ六世(在位一四二二〜六一、七〇〜七一)の治世当初は北からの脅威なしにすぎた。しかし、対フランス関係は父王ヘンリ五世がフランス内に獲得した財産が大きかったため、その処理に手間どることになった。すなわち、戦いを継続し既得権を維持しようという欲求と、戦争費用の莫大さから和平を期待する動きとが、絡まり合いながら政治を動かした。

一四二二年、フランス王シャルル六世が死亡したため、ヘンリ六世はトロワの条約に従いフランスの王位にも就いた。フランス王太子シャルルはフランスのロワール川以南を支配したにとどまった。イングランドでは王権に敵対しうる勢力や、王位をねらう王族は事実上いなかったため、王は幼かったが摂政はおかれず、先王の遺言に基づいて、グロスタ公が評議会の助言を受けつつ護国卿《ごこくきょう》として統治することが決められた。亡くなった兄王から対フランス戦争の指揮を任されたのは王弟ベドフォード公ジョンであり、彼はブルゴーニュ公フィリップの娘と結婚し、ピカルディ、シャンパーニュ一帯を支配下においた。しかしもう一人の王弟グロスタ公ハンフリは、ベドフォード公の在仏中に評議会の実権を握ろうとし、ウィンチェスタ司教のヘンリ・ボーフォートと対立した。これを和解させるため一四二六年ベドフォード公が一時帰国しなければならないほどであった。公はウィンチェスタ司教に尚書部長官職を手放させ、一時離英を勧めた。しかし一四二八年になっても両者の主導権争いはおさまらなかった。

一四二八年からベドフォード公軍によるオルレアン包囲が始まるが、王太子軍による食糧輸送路遮断作戦は失敗した。ところが一四二九年、フランス側にジャンヌ・ダルクがあらわれ、王太子軍を率いて四月にはオルレアンを解放した。以後イングランド軍は敗戦を続け、他方王太子はランスで戴冠してフランス王シャルル七世となった。イングランドではヘンリ六世が十一月に戴冠式をおこない、同時に護国卿職が廃止された。ベドフォード公は一四三一年、ヘンリのフランス王としての戴冠をパリのノートル・ダムでおこなった。しかしパリ市民のイングランド軍にたいする敵意は大きくなり、また敗戦が続いて戦勝から受ける利益がなくなると、イングランド議会が資金を供与しなくなったため、ヘンリのフランス王位は名目的なものにとどまり、ベドフォード公の支配力も衰えた。グロスタ公が国王への政治的影響力を失って自暴自棄の行動にでたため、ベドフォード公は一四三三年に急ぎ

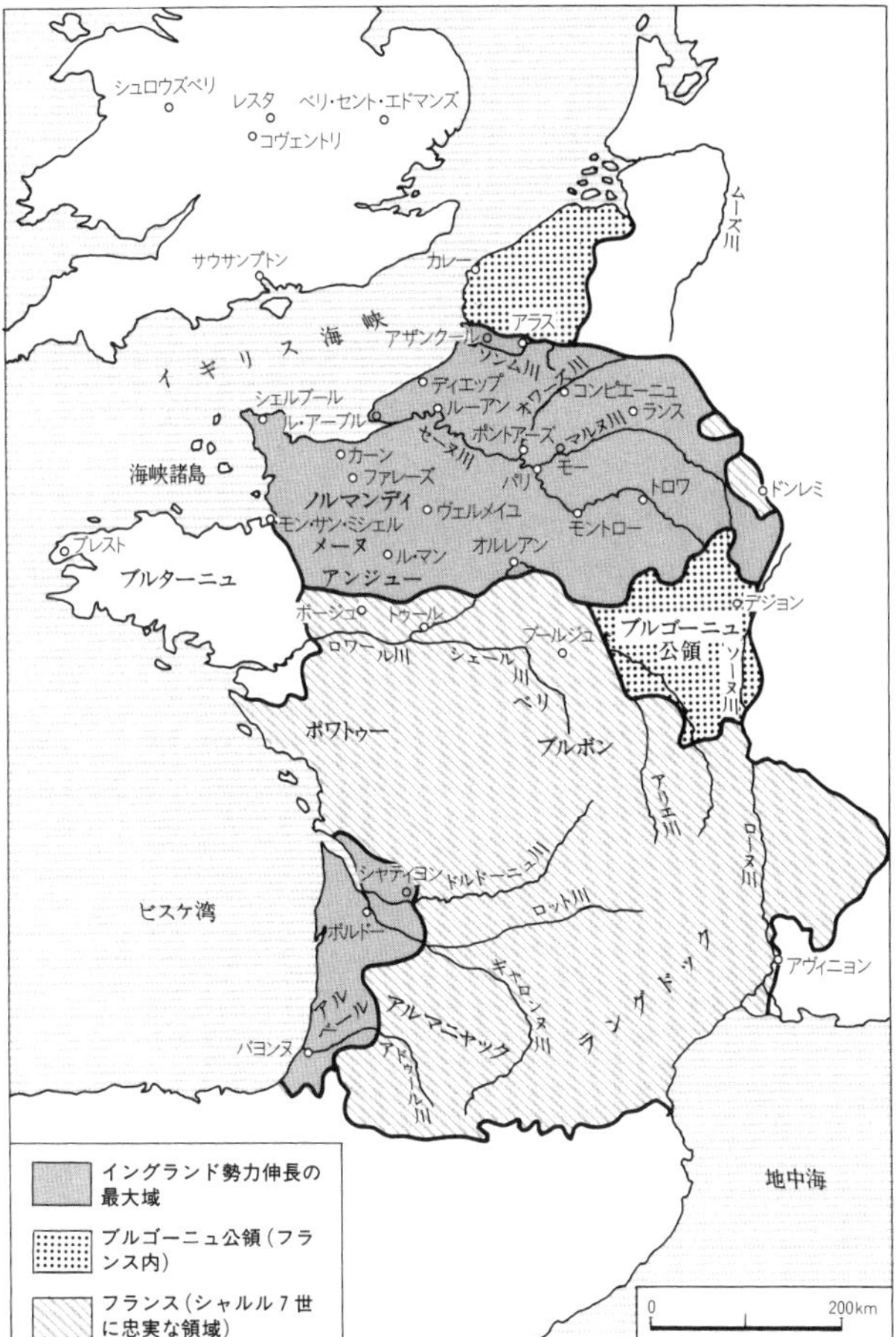
シュロウズベリ
レスタ
ベリ・セント・エドマンズ
コヴェントリ
ムーズ川
サウサンプトン
カレー
アラス
イギリス海峡
アザンクール
ソンム川
ディエップ
オワーズ川
コンピエーニュ
シェルブール
ルーアン
ランス
ル・アーブル
セーヌ川
ポントアーズ
マルヌ川
カーン
パリ
モー
海峡諸島
ファレーズ
ドンレミ
トロワ
ノルマンディ
ヴェルメイユ
モン・サン・ミシェル
モントロー
ブレスト
メーヌ
ル・マン
オルレアン
ブルターニュ
アンジュー
デジョン
ボージュ
トゥール
ブルゴーニュ公領
ブールジュ
ロワール川
シェール川
ソーヌ川
ベリ
ポワトゥー
ブルボン
アリエ川
ローヌ川
シャティヨン
ドルドーニュ川
ビスケ湾
ロット川
ボルドー
アヴィニョン
ガロンヌ川
ラングドック
アルベール
アルマニャック
バヨンヌ
アドゥール川
地中海
イングランド勢力伸長の最大域
ブルゴーニュ公領（フランス内）
フランス（シャルル７世に忠実な領域）
0
200km

1429年のフランス

帰国した。この間にブルゴーニュ公のイングランド王への信頼は薄れ、一四三五年アラスでの和平会議ののち、公はシャルル七世側に傾き、イングランド王との提携を破棄した。九月十四日ベドフォード公はルーアンで亡くなり、翌年パリが陥落した。

一四三七年十一月、十六歳近くになったヘンリ六世は、大評議会で構成員を自ら任命した。事実上の親政開始である。一四四二年には成人宣言をした。すでに護国卿職は廃止され、このたび、有力諸侯が構成する評議会の助言資格が衰えると、グロスタ公の政治権限は大幅に縮小された。アザンクールでの勝利以来イングランド軍の捕虜となっていたオルレアン公は、一四四〇年、グロスタ公の反対を押しきって釈放された。グロスタ公は一般の人々の意見を代弁し、アラス会議以来イングランド軍がフランスで敗れてきたことで、宮廷とその側近者の責任を追及した。しかし一四四一年に彼の二人目の妻が悪評を立てられたこともあり、一四四三年以降は彼には評議会での実権はなかった。この時期宮廷政治を切り回していたのは、王に直接任命された宮内府の関係者と一部の諸侯である。一四二六年に枢機卿となったウィンチェスタ司教は、豊かな資力で王室の支出をまかない、宮廷政治を指揮しえた。また一四三三年以来宮内府の長官となったサフォーク伯ウィリアム・ド・ラ・ポールは、王の俸禄配分権に大きな影響を与え、この立場を利用して、各地で私党や扈従団《こしょうだん》を養うために王からの恩顧を期待せざるをえない諸侯たちを操ることができた。こうして王の宮廷を核に宮廷派と呼ぶべき諸侯や役人の集団が形成された。

一四四三年のサマセット公ジョン・ボーフォートによるノルマンディ遠征がなんら成果をあげずに引きあげると、宮廷派はフランスとの和平を実現し、同時に大陸での既得権を少しでも守ろうとする方向へと政策を転換した。これはフランス総督として奮戦していたヨーク公リチャードを裏切ることになったが、宮廷派サフォーク伯は王と議会の許可をえて、一四四四年トゥールで、フランス王家の分家アンジュー公家の娘マルグリート(マーガレット)と、ヘンリ六世との結婚を和平の証として取り決め、サフォーク伯は議会両院から感謝されて公に叙された。結婚式は翌年おこなわれた。評議会の実権を握った彼は、一四四六年ヨーク公をフランス総督から解任し、翌年にはベリ・セント・エドマンズでの議会へやってきたグロスタ公を反逆罪で逮捕した。公は衝撃のあまり急死した。公のライヴァルであった枢機卿も四月に死ぬ。しかし宮廷派の中心人物サフォーク公の対仏和平工作は、現地に駐留して戦うイングランド兵には不満であり、王の結婚の際にアンジューとメーヌをフランス王にゆずり渡したとの噂は、イングランドの主戦派を怒らせた。一四四九年フランス王がトゥールの休戦協定違反を理由に、ブルターニュ公とともにノルマンディに侵攻した結果、イングランド軍によるノルマンディ支配は一四五〇年ついに終わった。

## 4　バラ戦争

### ヘンリ六世とヨーク公リチャード

一四五〇年はイングランド・フランス関係についても、イングランド国内政治にとっても、大きな転換点となる年であった。フランス王によってイングランド王家の占領地がほとんど奪い返されたのち、大陸遠征から帰国した将兵は、中央政治や、地域社会での自己の影響力増大をねらう諸侯たちの扈従《こしょう》となり、無法を働いて、地域住民の脅威の的となった。宮廷派の中心人物サフォーク伯は一四四八年に公の位を与えられたが、チチェスタ司教で王璽《おうじ》尚書のアダム・モリンズ、それにソールズベリ司教やセイ卿への不満は前年末から広がっており、その一人モリンズが一四五〇年一月、兵士に虐殺されたことがきっかけとなり、コモンズは二月、サフォーク公を財政上の不正と無法状態の責任の廉《かど》で弾劾した。公は議会の審理を避けて王の慈悲にすがり、五年間の国外追放処分を命じられた。しかし海外へ逃れる途中の船上で捕えられ、五月二日斬首された。

議会に代表をもたない民衆は一揆を起こした。一四五〇年五月、故辺境伯の庶子モーティマを自称するジャック・ケイドがケントの人々を率いて立ち上がり、政府を批判した。ロンドン近郊のブラックヒースに三万人を集め、宮廷派の役人の一掃、王領地の回復、ヨーク公をアイルランドから呼び戻して評議会員とすることなどを要求した。彼らはロンドン市内にはいり、宮廷派のセイ卿やケント州の州長官を殺したが、市民の不安が生じたため、大半の人々は分散して故郷へ戻った。ケイド自身は七月、サセックスへ逃亡の途中に殺された。

ところがこの報を聞いたヨーク公リチャードは九月、多数の兵を率いて突然アイルランドから戻った。当時評議会を指揮していたのは、ノルマンディから戻ってきたばかりの第二代サマセット公エドマンド・ボーフォートで、王や王妃のみならず宮廷派諸侯、その他の諸侯からも支持を集めており、ヨーク公はなすすべのないまま、王に不忠の意志のないことを釈明しなければならなかった。グロスタ公亡きあとには彼が王の推定相続人であることは明白であったが、話題にならなかった。しかしヨーク家の家宰が庶民院の議長となり、一月には俸禄回収令が成立した。王がこれを承認したため、それまでに恩顧として与えられてきた収入権などが一八〇〇ポンド分、王室へと戻された。これは宮廷派主導のもとで利益をえてきた諸侯たちやそれに連なる人々には失望を与える政策であったが、諸侯にも応分の財政負担を求めるコモンズの要求は、十五世紀の初め以来ようやく実効あるものになった。このように一四五〇年にはそれまでの政治の主導権を握ってきた、一四四〇年代以来の宮廷派の恩顧政策が動揺し、その体制の批判者として、コモンズやその他の民衆の政治へのより深いかかわりがみられた。

一四五一年にはボルドーとバヨンヌが失われ、政権担当者としてのサマセット公の人気は下落した。

一四五二年ヨーク公はウェールズ辺境のラドロウからロンドンへ進軍し、王と会見してサマセット公の処分を求めた。王はヨーク公が評議会に出席できるようにし、サマセット公がかけられた嫌疑に答えるまで出入りを差し止めると約束したので、ヨーク公は軍を解散した。しかしその約束は守られず、サマセット公は権力を掌握しつづけ、かえってヨーク公が逮捕されそうになり、息子の辺境伯エドワードに救出されるありさまであった。フランスでの戦果を退勢脱却に利用しようと、サマセット公がボルドーにさしむけたシュロウズベリ伯トールボットは、一四五三年にシャティヨンでシャルル七世軍に敗れ、七月にはイングランド王家の在フランス領土はカレーを残して消え去り、百年戦争は終わった。

### 第一次内乱

戦争終了後一月もたたないうちに、国王ヘンリ六世は精神に異常をきたし、十月に生まれた王子を認識できない状態で、国政をとれなくなった。一方、王子誕生で相続人としての地位を脅かされることになったヨーク公は、ことを急がねばならなくなり、十一月評議会でサマセット公を圧倒し、ロンドン塔へ送った。病気の王を守り、わが子の王位継承権を確保するため、翌年二月の評議会で、王妃マーガレットは摂政位を与えよと要求したが退けられ、三月には過去の例に基づき貴族院の指名により、ヨーク公が護国卿に就任した。三月二十二日尚書部長官ジョン・ケンプが死ぬと、ヨーク公は、サマセット公と土地問題で争っていた義兄のソールズベリ伯リチャード・ネヴィルを後任とし、政治の主導権をとろうとした。ところが一四五四年末に王が意識を回復してサマセット公を釈放すると、護国卿としてのヨーク公の立場は不利になり、彼は軍事力によって事態の打開をはかろうとした。十月レスタに大評議会が開催されることになり、そこに向かっていた王、王妃、サマセット公らの一行をヨーク派がセント・オールバンズで軍事力をもって拘束しようとしたため、戦いとなり、サマセット公とノーサンバランド伯は敗れて死んだ。王は負傷して捕えられた。こうしてバラ戦争の第一次内乱が始まった。

ヨーク派は王をつれてロンドンに戻るが、政治上のヨーク公の権力は王が正気であるあいだは後退せざるをえない。ところが一四五五年六月王の病気が再発すると、ヨーク公はマーシャル（軍務卿）に就き、ソールズベリ伯の子ウォリック伯リチャード・ネヴィルをカレー総督にした。またコモンズの要求した俸禄回収令を受け入れた。しかるに一四五六年二月王が健康を回復してふたたび恩顧の配分を始めると、ヨーク派は実権を失いそうになり、ヨーク公はスコットランド王やフランス王と提携しようとしていた王妃との和解を試みた。カレーのウォリック伯はドーヴァ海峡でスペイン海軍を撃破して名声をあげていたが、海賊行為を王妃から咎《とが》められ召喚された。一四五八年には一時的にランカスタ王家側とヨーク公側との和解が成立するが、王妃は宮廷をコヴェントリに移して軍事力で決着をつけようとした。一四五九年九月、当時ウェールズにいたヨーク公の軍に合流しようとしたソールズベリ伯の軍を、王妃軍が阻止しようとした。ブロア・ヒースの戦いでは王妃軍は敗れたものの、その後の戦闘ではヨーク公の側に不利となり、公とその次男はアイルランドへ逃げた。

勝利した宮廷派は十一月、コヴェントリの議会でヨーク派貴族二七名の私権剝奪を決議し、彼らの所領を没収しはじめた。一方ヨーク公側では、カレーに亡命していたウォリック伯らの軍が翌年一月に海からサンウィッチ港を攻撃し、六月には上陸して南部諸州を支配しはじめた。七月十日には辺境伯、ソールズベリ伯、そしてウォリック伯の軍がノーサンプトンの戦いで勝利して王を捕えた。王妃はウェールズへと逃亡した。ここに決定的時期がやってきた。護国卿の地位は王が国政をとれない時期だけのものにすぎない。ヘンリ亡きあとの王位継承権を保証されても、ヨーク公のほうが年長であるから実際には王位に就く可能性は薄い。一四六〇年十月ウェストミンスタに召集された議会で公は貴族院宛に声明を発表し、エドワード三世の五男であるヨーク公の家系は、王の三男ライオネルの家系の娘との結婚によって、四男ランカスタ王家の家系よりも勝る王位継承権をもつと主張し、王位に就く意思を表明した。しかしこのときには貴族院は同調せず、ただヘンリ六世の死後継承する権利においてヨーク公が王子エドワードに勝ることを認めたにとどまった。

決着は戦場でつけるしかなくなった。ヨーク公はスコットランドへ逃げた王妃軍を追って北英へと軍を進めたが、十二月ウェイクフィールドの戦いでヨーク公は不覚をとり、ソールズベリ伯も殺された。この戦いの後始末のつけ方は異常に厳しいものであったため、人々は王妃を恐れるようになった。

一方父を殺された辺境伯エドワードはまだ十九歳であったが、素早く行軍して翌年二月二日にはランカスタ派のペンブルック伯軍とネヴィルズ・クロスで対戦し、これを破った。王妃軍は二月十七日セント・オールバンズの第二の戦いでウォリック伯軍を破り、王を奪還した。そのまま南下してロンドンにはいろうとしたが、市民は拒否した。ノーサンバランドからつれてきた軍人たちによるロンドン近郊での略奪が、市民を脅かしたからである。その後辺境伯は王妃軍が入市をことわられたロンドンに接近し、歓迎されて入城した。ロンドン近郊にいた諸侯たちがロンドンに集まり、三月二日エドワードの王位推戴を決めた。四日、評議会で聖俗七人の諸侯はこれを認め、王位継承が承認された。北へと去るランカスタ派の軍を追撃し、三月二十九日タウトンの戦いで主力部隊が勝利した。王妃は王と王子をつれてスコットランドへと逃れた。六月末エドワードはウェストミンスタで戴冠してエドワード四世となった(在位一四六一～八三)。こうして第一次内乱はヨーク朝の成立で幕を閉じた。

## エドワード四世

戴冠後、国王は二人の弟をそれぞれクラレンス公、グロスタ公に叙した。第一議会ではヘンリ六世やその妻と子にたいして私権剥奪法が適用され、王位簒奪者であると宣告された。王はコモンズにたいして支持を与えてくれたことに感謝し、今後の保護を約束した。これは画期的な出来事である。コモンズの選出母胎である州や都市での代表の選挙には、当時は有力諸侯の介入が常識であったから、コモンズにとっては貴族諸侯よりも国王を支持したほうが有利であると思える歴史的状況が生まれつつあったことを示している。しかし国王がコモンズの期待に応えうるか否かは、国王がランカスタ派諸侯の影響力を自己の統制下に掌握しうるか否かにかかっていた。

一四六二年四月までにヘンリ六世をスコットランドに残してフランスに渡っていた王妃マーガレットは、シノンで王位継承まもない国王ルイ十一世に会い支持を求めた。七月、フランス人傭兵をともないノーサンバランドに侵入しアニックを囲んだ。しかし彼女の期待に反して、行動をともにしたのは、有力諸侯のなかでは第三代サマセット公ヘンリ・ボーフォートとペンブルック伯ジャスパ・テューダー、それにラルフ・パーシィのみであった。エドワード四世は軍を率いて北上したが途中で麻疹《はしか》にかかり、戦闘の指揮はウォリック伯がとった。マーガレット側も城が陥落して、彼女は王子をつれてふたたび大陸へと去った。

一四六四年になってウォリック伯の弟モンタギュ卿ジョン・ネヴィルが、ヘジリ・ムアとヘクサムでマーガレット勢力を打ち負かしたので、王はその功にたいして、パーシィ家が長らくおびていたノーサンバランド伯の称号を彼に与えた。サマセット公は、一四六二年十二月ノーサンバランドで捕えられた際、国王エドワードと和解し領地を与えられていたにもかかわらず、翌年暮れには寝返り、一四六四年ヘクサムの戦いで捕えられて、処刑された。一四五五年のセント・オールバンズの戦いでヨーク派に父を殺された彼は、ヘンリ六世の廃位をけっして認めてはいなかったのである。エドワードは、このようなランカスタ派貴族を滅ぼしてその称号と所領を没収し、自己の配下に与えて王室の藩屏《はんぺい》としていった。

## 第二次内乱

一四六四年まだランカスタ派が撃破される前から、王はジョン・グレイ卿の未亡人エリザベス・ウッドヴィルと秘密結婚し、九月にはそれが公表された。ヨーク派貴族たちは地位の低い家系との縁組みをきらったが、なかでもこれまで戦場でも政治でもエドワードを支えてきたウォリック伯は、その直前までフランスで、王妃たるにふさわしい王家や諸侯家の女性との縁談を模索していただけに、王への信頼を傷つけられた。王は王妃の父をリヴァズ伯とし、かつコンスタブル(侍従武官長)に任じた。そのほかにもウッドヴィル家とグレイ家の親族に称号や領地を与え、有利な結婚を取りはからった。王妃の親族のみならず、王は意図的に新興の郷紳《きょうしん》の家系にも俸禄を配分した。その分、巨大な私党をかかえるウォリック伯のような貴族諸侯への配分は少なくなり、彼らは不満をいだいた。これが国王の支持基盤を一時的にもせよ弱めることになった。一四六五年には、ランカスタ派諸侯の家系を頼って放浪していたヘンリ六世がランカシァで捕えられた。七月、フランスから戻ったウォリック伯はヘンリをロンドン塔に収監した。彼がヨーク派中心人物として働くのはこれが最後となった。

フランスでは王の親族であるベリ、ブルターニュ、ブルボンの各公のほか、マーガレットの父アンジュー公や彼女の兄のカラブリア公ジャンらが国王ルイ十一世にたいして公益同盟を結成して対抗していた。エドワードはマーガレットに対抗するには同盟にたいしてルイに付くべきであったが、フランドルに利権をもつブルゴーニュ公との親和関係を維持する必要もあった。交渉役を命じられたウォリック伯はルイとの関係維持に傾いていたが、エドワードは一四六六年十月ブルゴーニュ派と秘密協定を結んでいた。翌年五月ルイはエドワードに、ブルゴーニュ公領のうちフランドルを切り離して公との協定を破棄するよう提案したが、七月エドワードは協定を更新した。エドワードは妹を家督相続したばかりのブルゴーニュ公と婚約させ、十一月にはブルゴーニュとの通商協定を結ぶ。ウォリック伯は王に裏切られた。直前の六月に伯の弟ジョージが尚書部長官職を解任されたことで、ネヴィル家は政権中枢での影響力を奪われた。王と決裂したウォリック伯は、自己の広大な領地の相続権の半分を持つ娘のイザベルとの結婚を、王の弟クラレンス公ジョージにもちかける。王はネヴィル家の外戚化を恐れて反対した。

一四六九年五月北英各地で、ネヴィル家関係のジェントリによる反乱があいつぐ。七月カレーでクラレンス公とウォリック伯の娘との結婚がおこなわれると、伯は公然と王の側近を非難し、二十六日エッジコットで王軍を破り、王を捕えた。しかし直後にダラムでランカスタ派の反乱があり、鎮める自信のない伯は王を釈放し鎮圧させた。その後の反乱をも王が鎮圧したので、一四七〇年三月伯はクラレンス公をつれてフランスへと亡命した。

フランス王はイングランド王とブルゴーニュ公との同盟に不満でその勢力を削ぐため、長年敵対関係にあったウォリック伯とヘンリ六世妃マーガレットとを和解させ、ウォリック伯軍は九月プリマスに上陸した。急を突かれたエドワードはブルゴーニュ公を頼ってネーデルランドへと逃れた。伯はロンドン塔からヘンリをつれだし、十月六日ヘンリ六世は復辟《ふくへき》した。しかし一四七一年ブルゴーニュ公の支援をえたエドワードが三月ヨークシァに上陸すると、ノーサンバランド伯の位を取り戻したことで恩のあるパーシィ家が味方をし、エドワードの弟クラレンス公が兄に帰順したため、エドワードは圧倒的戦力でロンドンに戻り、市民の歓呼のなか復位した。ただちにヘンリ六世を逮捕し、孤立したネヴィル一派を四月バーネットの戦いで破った。ウォリック伯は殺され、同時期西英に上陸したマーガレットはテュークスベリの戦いで敗れ、王子も死んだ。五月にはヘンリ六世も殺され、第二次内乱はヨーク家の復位で終わった。ランカスタ一族のなかで生存しているのは初代サマセット公ジョンの娘とリッチモンド伯エドマンド・テューダーとのあいだに生まれた子で、当時十四歳のヘンリのみであったが、彼は亡命していた。

一四七一年から七四年まで王は平穏に過ごせたが、一四七五年にはコモンズの支持を取りつけて、ブルゴーニュ公と提携しフランス王にたいして戦争をしかけた。このときはフランス王は妥協策によってエドワード軍を撤退させたが、一四七七年ブルゴーニュ公が殺されると、その相続人である公の娘との再婚をねらった王弟クラレンス公を逮捕し、一四七八年に反逆罪で処刑した。その後王の統治は平穏におこなわれ、一四八三年に四十一歳になる前に死んだ。死因は放蕩といわれている。

### 第三次内乱

エドワードの弟グロスタ公のリチャードは、兄の二人の遺児のために護国卿となるよう兄から指名されていたといわれる。遺児たちの背後にはウッドヴィル、グレイ両家を中心に、エドワード四世によって取り立てられた貴族たちが宮廷派を形成していたが、グロスタ公は政治の主導権をとろうとした。王位継承者のエドワードはラドロウからリヴァズ伯に付き添われてロンドンへ向かったが、グロスタ公は、エドワード三世の末子グロスタ公の血統に属すバッキンガム公ヘンリ・スタフォードの支持をえて、リヴァズ伯を投獄した。五月、評議会によって護国卿として承認されると、若王エドワード五世(在位一四八三)をロンドン塔に隔離した。若王の戴冠式はおこなわれないまま、リヴァズ伯と王の異父兄弟リチャード・グレイは処刑された。もう一人の異父兄弟トマスは国外に追放され、若王の弟リチャードもロンドン塔に拘束された。さらに宮廷派とグロスタ公の仲介役であったヘイスティングズ卿も六月十三日に捕えられ、殺された。考えうる抵抗をすべて排除したグロスタ公は、ある説教師を使って、兄がヨーク公の庶子にすぎず、自分こそが嫡子であると広言させ、バッキンガム公にロンドン・シティでの歓呼を工作させた。六月二十五日、議会は若王の廃位とグロスタ公の登位を宣言し、七月十六日、公はリチャード三世として戴冠した(在位一四八三〜八五)。

リチャード三世の登位にいたるまでの謀略、残忍さ、殺人行為、そして家系断絶を知る貴族たちは王位争いには口を挟まなかったが、一人バッキンガム公だけは、はじめは自らの王位継承、のちにはランカスタ家のリッチモンド伯ヘンリ(エドマンド・テューダーの子)の登位をねらっていると疑われた。バッキンガム公の蜂起計画では、ヘンリが亡命先のブルゴーニュから、自らがウェールズから、ロンドンをめざす予定であったが、大雨で足止めされるうちに捕えられ、十一月二日にはソールズベリで

リチャード3世　ボズワースでの戦死の数十年後(16世紀初め)に描かれた肖像画は，王の性格をも伝える迫力がある。

殺された。一方ヘンリはイングランドに上陸したものの、形勢不利とみて引き揚げた。ロンドン塔内のエドワード四世の二人の王子は殺されたとみられる。

一四八四年一月の議会では王はコモンズの支持をえるため、強制公債は不法であると宣言したが、一年もたたないうちに、財源難に陥り公債を強制せざるをえなくなり、コモンズの不評をかった。この年息子エドワードを、翌年には妻を亡くすと、兄の遺児エリザベスとの再婚を企てたが、周囲からとめられて断念した。これにたいしてランカスタ派のリッチモンド伯ヘンリは、ヨーク派の支持取りつけに不可欠であるエリザベスとの婚約を成立させた。一四八五年八月七日、ミルフォード・ヘイヴンに上陸したヘンリのもとへはウェールズ各地から支持者が集まり、二十二日ボズワースでリチャード三世軍と戦った。王軍にいたスタンリ卿は寝返り、ノーサンバランド伯軍は戦わなかった。宮廷派を撲滅して王位に就いたリチャードは、結果的には王権に頼らざるをえない貴族諸侯、あるいは王の恩顧にすがらざるをえない諸侯や都市の支持を切り捨ててしまい、頼みとするジェントリの支持だけでは政権維持には不十分であった。身分制的国制が弛緩した状況を、王の強権と軍事力で乗りきろうとして失敗した。

## 十四～十五世紀の社会と文化

十四世紀初めの対スコットランド戦争や対フランドル戦争をまかなうための課税、一三一五年から二五年にかけての自然災害は、家畜の罹病《りびょう》を生み、北西英での役畜《えきちく》数と羊毛収入とを減らし、穀物収入をも下落させた。一三一五～一六年のロバート・ブルースによるアイルランド侵入は、その地の農業生産を妨げた。しかし東南英の農業生産は黒死病が襲うまで健全であった。十四世紀後半以後、イングランドでは低収益地の耕作は放棄されたものの、人口を扶養するだけの穀物は確保しえた。穀物価格の下落と高賃金は直営地経営を困難におとしいれ、一三七〇年代以降は隷農の不払い強制労働による直営地耕作は衰退した。手工業が農村へと移転したため都市でのギルドなどの産業規制は無力化したが、他方カスル・コムやラヴェナムのような繁栄する新市《タウン》の形成がみられた。一四五〇年までには原料羊毛にかわって製品毛織物が輸出の花形となった。百年戦争をまかなう輸出羊毛への高関税は、原料を輸入するフランドル織物業者への打撃となった。毛織物輸出の好調は国内でこの産業にたずさわる人々や、イースト・アングリアやヨークシァなどの地域を富ませた。十五世紀には地域ごとに産業の種類が多様化し、錫発掘や食用牛飼育などが繁栄し、地代収入のみに頼る領主の収入は下落した。しかしヨーロッパのなかでみると、イングランドの経済は周辺国に位置づけられる。貴金属の発掘や金属部門の資本蓄積は少なかった。

十四世紀後半以降、社会が身分によって重層的に区分されるようになったことは、身分ごとの服装を定めた奢侈《しゃし》禁止法が一三六三年以降、間歇《かんけつ》的に制定されたことからもわかる。議会貴族身分に属した家族は六〇～七〇家、騎士身分ないしそれと同等者の家族が二〇〇〇～三〇〇〇いたとみられる。

ラヴェナム教区教会　15世紀イースト・アングリアでの毛織物取引の繁栄は，裕福な地方市場町をつくりだし，教会建築の担い手は庶民へと広がった。

十四世紀前半から百年戦争が始まるとフランスとの文化的交流も盛んになり、城建築のフランス化は中世末期までつづく。城に塔をつけたのも中世後期の特徴である。教会建築ではイギリス特有の様式を生み、装飾様式、垂直様式で建てられるグロスタ大聖堂やシェルボーン修道院などでは石工の名前が記録されるようになる。新興の都市や市場町が独自の意匠で教区教会を建て始めたことが民衆による信仰の土着化を示す一方、グロスタ修道院のエドワード二世のものが有名であるが、棺の上蓋の浮き彫り彫刻の流行は、十四〜十五世紀の死や往生術を題材にした芸術の流行とともに考えるとき、信仰の世俗化を読みとりうるであろう。一三四八年制定のガーター勲章やリチャード二世時代の白鹿バッジなどの栄誉の儀礼化は、社会の身分制的構造を示している。貴族よりも低い身分の人々の個人の家が、それまでの一部屋のみの単純なものから、複数の部屋や二階をもつ構造へと変わっていった。十四世紀後半にはチョーサーやラングランドらによる中世英語で書かれた文学があらわれる。これは中産層や下層民の知的意欲の広がりを反映している。十四世紀初め以来オクスフォード、ケンブリッジ両大学にカレッジ(学寮)の設立があいつぐが、一三七三年にはウィンチェスタに最初のパブリック・スクールであるセント・メアリズ・カレッジが設けられた。セリ家、スタナ家、パストン家のような都市の商人や在地のジェントリが学問を身につけ、法知識を駆使し、手紙や日記を残し始める時代になった。

第四章　近世国家の成立

## 1　近世の幕開け

### テューダー朝の成立

リチャード三世がボズワースの野で戦死したとき、勝者ヘンリ・テューダー(ヘンリ七世、在位一四八五〜一五〇九)にとって王位は必ずしも自明のことではなかった。すでに戦いの前に自らを国王と宣言していたともいわれ、その実力において抜きん出てはいたものの、自らの王位の根拠として「神の意志による勝利」を強調したように、王位を請求するにたる法的権利をもたなかったのである。血統的にはより優位な王位継承権を主張できる者がいるなか、力で勝ちとった自らの王位を守り、その正統性を確立し、王朝を存続させていくことがヘンリにとっての生涯の課題であった。

ボズワースの勝利後、即座にヘンリは対抗者の動きを封じ、二カ月後には戴冠式を挙行、議会に自らの王位を承認させた。しかし、それだけで戦乱が終決し、ヘンリの王位が安泰になったわけではなかった。その後も、ヨーク朝復活をはかる多くの反乱が彼の王位を脅かしつづけた。

まず、一四八六年にリチャード三世の家臣であったフランシス・ラヴェルが反乱を起こしたが、これはすぐに鎮圧されている。しかし、一四八七年のエドワード六世を僭称《せんしょう》したランバート・シムネル

ヘンリ7世　ランカスタ家を象徴させた赤いバラを手にしている。

によるアイルランド侵入は、その背後に、王位簒奪者としてヘンリの追い落としをはかるブルゴーニュ公妃マーガレット(エドワード四世の妹)やリチャード三世の後継者と目されていたエドワード四世の甥リンカン伯がおり、深刻な危機となった。キルデア伯など有力アイルランド貴族の支援をえたシムネルはイングランドに進攻し、ニューアーク近郊のストークでヘンリと対戦した。しかし、兵力にまさるヘンリ軍の勝利に終わり、ヨーク家支持派の多くが戦死した。ここに、三〇年以上にわたった「バラ戦争」は事実上の終結をみた。

その後もヘンリは、フランスやスコットランド、ハプスブルク家などの支援を受けてリチャード四世を僭称したパーキン・ウォーベックの一連の反乱(一四九一〜九九年)などに対処しなくてはならなかったが、十六世紀にはいると、こういった反乱もようやく影をひそめた。しかし、結果的には、ヘンリがこれらの反乱を鎮圧していく過程で、ヨーク家に連なる王位継承権者や有力貴族がつぎつぎに排除され、テューダーの王位は確固たるものになっていった。

力で政敵をおさえていく一方で、自らの王位の正統性を主張するためにさまざまな方策がとられた。元来テューダー家はウェールズを基盤とする家系で、リチャード三世との戦いに臨んで亡命先から帰国したヘンリが上陸し、兵を集めたのもウェールズであった。しかし、その由緒には曖昧な点も多く、むしろヘンリにとっては、母方のボーフォート家を通じて、エドワード三世の息子ジョン・オヴ・ゴーントの血筋を引き、ランカスタ家に連なる点が重要であった。即位後まもなくエドワード四世の娘エリザベスと結婚、ランカスタ家とヨーク家の合同を強調し、紅白のバラを組み合わせた徽章を定めたのもこのためである。

その正統性の主張には「アーサー王伝説」といったなかば神話的な領域までがもちだされた。ウェールズ出自という点を古代ブリトン人の英雄の末裔《まつえい》という伝説に重ね合わせ、自らの正統性の神秘化をもはかったのである。わざわざアーサー王ゆかりの地ウィンチェスタで妻に出産させ、その王子に「アーサー」の名を与えたのもその表れであった。また、伝説的にブリトン人すなわちウェールズの旗印とされてきた「赤いドラゴン」を王家のシンボルのひとつとして使用するなど、ヘンリはイメージ戦略によっても王朝の権威づけに腐心した。

### ヘンリ七世の治世

ヘンリの王位が確固たるものになる一方、多くの貴族の家系が戦乱のなかで絶えていた。さらにヘンリが、王位を脅かすような大貴族の出現を、私兵の制限や婚姻相続の規制により阻止したため、その勢力は凋落《ちょうらく》していた。また、統治の仕組み自体は、地方行政も含め、それ以前と大きく変わるものではなかったが、国王評議会のメンバーには、法律などの実務に明るいジェントリ出身者を多用し、貴族の影響力をできるだけ弱めようとした。この身分を重視しない実力主義の人材登用は、その後も受け継がれ、テューダー朝の統治組織の特徴となった。

ヘンリがとくにつとめたのが財政基盤の強化であった。貴族の廃絶によって、多くの所領が王の手に帰していたという幸運もあったが、王自身が厳格に監査するなど、王領地の経営にも注意をはらい、収入を確実に増加させた。負債のために危機に瀕し、即位当時には年収五万ポンドにまで落ち込んでいた王室収入を、治世末には年収一四万ポンドにまで引き上げている。無理な課税は、一四九七年に対スコットランド戦争のための臨時税に反対してコーンウォルで蜂起が起きたように、王朝の人気を損なうばかりか、危険でもあったので、ヘンリは可能なかぎり自らの財源によって統治することをめざした。そのため、臨時税を求めて議会に頼る必要が少なく、治世中に七回開かれた議会は、財政状態がまだ良好ではなかった治世の初期に集中し、しかもいずれも短期間であった。

また、外国との通商条約の締結や貿易商が海外市場での競争力をつけるための支援をおこなうなど、貿易振興策を打ち出し、関税収入の増加をもたらした(治世初めの年二万ポンドが治世末には倍増している)。円滑な貿易活動のためには平和の維持が第一の条件であったし、戦費負担による財政の悪化を防ぎ、議会の承認を必要とする臨時税に頼らなくてもすむように、可能なかぎり戦争を回避することがヘンリの外交の基本となった。

ヘンリの即位当時、イングランドはヨーロッパの二大国フランスとスペインに挟まれた小国にすぎなかった。そのなかで生き残りをはかる必要があったが、ヘンリが選んだのはスペインとの同盟であった。一五〇一年に皇太子アーサーとスペイン王女キャサリンの縁組みに成功したことは、おのずとイングランドの地位を高めるものであった。翌年、アーサーが急死したのちも、ローマ教皇の特赦をえてまで、次男ヘンリと未亡人となったキャサリンの結婚を実現させたのも、スペインとの結びつきを維持しようとしたためである。また、スコットランド対策も重要であった。ウォーベックの反乱に乗じてイングランドに侵攻するなど、両者の関係はけっして良好ではなかった。ヘンリは、負担の大きい戦争よりは交渉による解決をめざし、娘マーガレットをスコットランド王ジェイムズ四世(在位一四八八～一五一三)に嫁がせるという婚姻政策でスコットランドとの和平を確実なものとした。

### トマス・ウルジの時代

一五〇九年、父の死により即位したヘンリ八世(在位一五〇九～四七)が受け継いだ王国は平穏で、国庫も豊かであった。父ヘンリ七世が王朝存続のために苦心して築き上げた成果であったが、騎士道に憧れ、音楽やダンスを愛好した新国王がめざしたのは、堅実な国家運営よりは、いかにもルネサンス的な輝かしい国家の威信であった。生涯にわたりヘンリ八世は大陸への軍事的野心をもちつづけることになる。そして、煩瑣《はんさ》な実務をきらったヘンリにかわってその治世の前半を支えたのがトマス・ウルジの政治的手腕であった。

ヘンリ七世の人材登用が身分の枠にとらわれないものであったことは先にもふれたが、ウルジもそういったなかの一人であった。イプスウィッチの家畜食肉業者の家庭に生まれた彼は、聖職者の道を選び、ヘンリ七世の晩年に王室礼拝堂つき司祭となって頭角をあらわした。ヘンリ八世即位後は、国王の信任もさらに厚くなり、ヨーク大司教、枢機卿、大法官、教皇特使といった要職を占め、権力の座にのぼりつめた。

ウルジは国政を牛耳る一方で、三〇ほどの小修道院を解散させ、没収した財産でオクスフォード大学にカーディナル・カレッジ(のちにクライスト・チャーチと改称)を創設するなど、教会改革と学問保護にも手をつけたが不十分なものでしかなかった。むしろ、自らの邸宅として広壮なハンプトン・コートを築き、その権勢を誇示したことに彼の実像がうかがえる。しかし、その豪華さがヘンリの不興を招き、自慢のハンプトン・コートが取り上げられてしまったことは、ヘンリの離婚問題処理の失敗が彼の命とりとなったように、ウルジの権勢が国王の支持だけが頼りの脆弱《ぜいじゃく》なものであったことをよく示している。

とくにウルジがヘンリのために力をいれたのが外交で、華やかな対外政策もまたヘンリ八世の治世を彩る重要な側面であった。王朝の安定のために極力対外戦争を避けた父ヘンリ七世とは異なり、エドワード三世やヘンリ五世のような大陸での軍事的成果を求めたヘンリ八世は、その治世の初期から、急速に増強した海軍力を背景に、大陸諸国の複雑な国際関係に積極的にかかわっていった。

しかし、トゥールネの確保などいくらかの軍事的成功はあったものの、結果的には、フランスとハプスブルク家の対立を基軸に動いた当時の国際関係のなかで翻弄され、その戦費負担が国王財政を破綻させた。そのうえ、宮殿をいくつも建てて華やかな宮廷生活を誇示したヘンリは、父ヘンリ七世が残した遺産を蕩尽《とうじん》し、あらたな財源確保の必要に迫られることになる。

テューダー朝の安定のために男子の王位継承者を必要としたヘンリが妃キャサリンとの離婚を問題にし始めたのは一五二〇年代なかばのこととされる。キャサリンとのあいだには娘メアリがいたが、王朝成立からまだ半世紀、ヨーク家やランカスタ家の血を引く王位継承権を主張できる者が残っているなかで、それまで前例のない女王の誕生は、法的には問題はないものの、国内の混乱は必至に思われた。

出産のむずかしい年齢に達したキャサリンとのあいだに男子をもうけることをあきらめたヘンリは、宮廷で見初めた若いアン・ブーリンに期待をかけるようになった。この問題を託されたウルジは、キャサリンとの結婚は聖書が禁じる「兄弟の妻との婚姻」にあたるので無効であるとのヘンリの主張にたいし、ローマ教皇クレメンス七世が承認を与えてくれることを期待していた。しかし、当時ローマはキャサリンの甥カール五世の制圧下にあり、カールを刺激するような承認を教皇がだすことは無理であった。結局、事態は進展せず、ヘンリの信頼を失ったウルジは失脚、罪を問われる身となり、失意のうちに病死した。

## 宗教改革の展開

ヘンリは一五二九年、離婚問題の打開をはかるために議会を召集(「宗教改革議会」と呼ばれる)、ローマ教会の権限を制限・否定する一連の法律を成立させ、教皇に圧力をかけていった。しかし、アンの妊娠が明らかになると、生まれる子供を嫡出子とするために、出産までにアンとの正式結婚が必要となり、事態は急を要した。

一五三三年には、その前文でイングランドが他の勢力から完全に独立した国家であることを宣言し、教会問題にかんしても国王が最終決定権をもつことをうたった「上告禁止法」が議会で成立し、離婚問題についてキャサリンがローマ教皇庁へ上告をおこなう道が閉ざされた。それにより、問題はカンタベリ大司教の法廷で最終的に決着されることとなり、ヘンリの意を受けた大司教トマス・クランマはヘンリとキャサリンとの婚姻の無効、アンとの結婚の合法性を認めた。教皇はこれにたいしヘンリの破門をもって応じたが、もはやイングランドの離反をとどめることはできなかった。同年九月に生まれたアンの子供は、男子ではなく女子(エリザベス)であったが、イングランドのローマ教会からの分離の動きはさらに進んだ。一五三四年には「国王至上法」が成立、国王を「イングランド教会の唯一の地上における最高の首長」と規定し、教皇の権威は否定された。「イングランド国教会」の成立である。

これらの一連の宗教改革立法の背後で、ヘンリの片腕として活躍したのがトマス・クロムウェルで

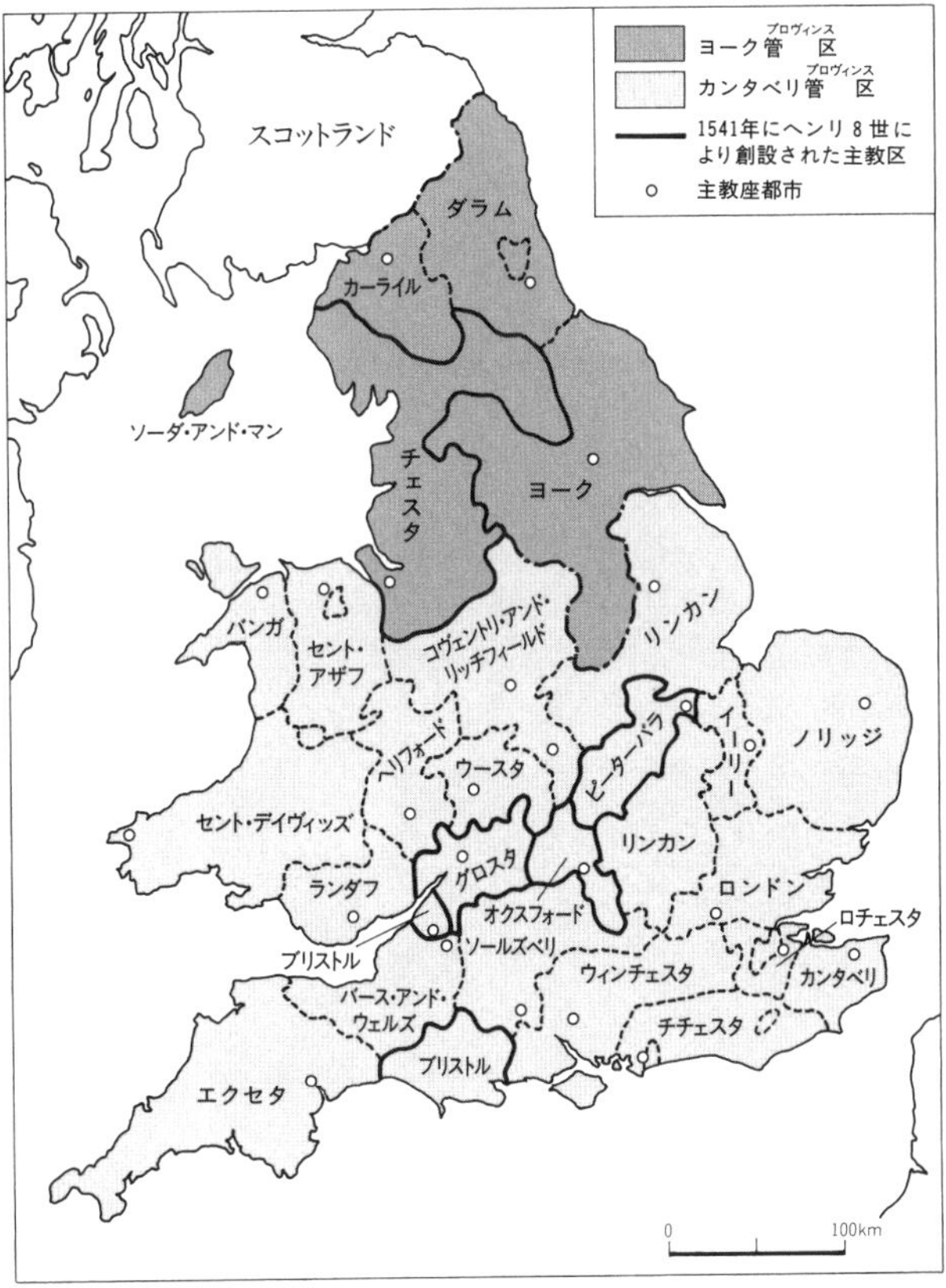
ヨーク管区《プロヴィンス》
カンタベリ管区《プロヴィンス》
1541年にヘンリ8世により創設された主教区
主教座都市
スコットランド
ダラム
カーライル
ソーダ・アンド・マン
チェスタ
ヨーク
バンガ
セント・アザフ
コヴェントリ・アンド・リッチフィールド
リンカン
ノリッジ
イーリ
ピーターバラ
ヘリフォード
ウースタ
セント・デイヴィッズ
リンカン
グロスタ
ランダフ
ロンドン
オクスフォード
ロチェスタ
ブリストル
ソールズベリ
ウィンチェスタ
カンタベリ
バース・アンド・ウェルズ
チチェスタ
ブリストル
エクセタ
0
100km

宗教改革後の主教区

あった。彼の初期の経歴には不明な点が多いが、毛織物業者の子としてロンドン郊外に生まれ、大陸を転々としたのちウルジに仕えるようになった。ウルジ失脚後、その実務能力をかわれて仕えた国王のもとで頭角をあらわし、「国王秘書長官」などの重要官職を歴任していった。

ローマ教会からの独立のつぎにヘンリとクロムウェルが着手したのが修道院の解散であった。すでにウルジによる先例もあり、破綻していた王室財政の立て直しの手段として、その財産没収がはかられたのである。当時のイングランドには八〇〇以上の修道院が存在し、全土の四分の一ほどの土地を所有し、その年間収益は当時の国家の経常収入に匹敵した。教会財産の周到な調査ののち、まず一五三六年に「小修道院解散法」により年収二〇〇ポンド以下の修道院が解散させられ、三九年には「大修道院解散法」が成立、すべての修道院が姿を消すことになった。この結果、年収一三万ポンドもの価値の土地が国王の手に渡った。しかも、修道院の所有していた貴金属や宝石などの財産の売却からも七万〜八万ポンドをえたうえ、修道院が保有していた、全国の五分の二ともいわれる教会聖職禄への推挙権が国王の手に落ちた。推挙権も売却によって収入をもたらすものであった。旧修道院領関係の処理をおこなうための機関「王室増加収入裁判所」があらたに設置されたことは、これらの収入の大きさを物語っている。

しかし、こうして獲得された土地も、戦費負担などによる国王の財政難から、その直後から売却され始め、ヘンリ治世末年には旧修道院領のほぼ三分の二が貴族、ジェントリ、大商人などの所有に帰

フォンティンズ・アビィの遺跡　修道院解散の結果，廃墟となったヨークシァの修道院。

していた。その売却益は約八〇万ポンドに達し、これらを含めてヘンリが修道院の解散によって手にした額は総計一三〇万ポンドにもなったが、ヘンリはそのすべてを使いつくしたことになる。その後も売却は続き、エリザベスの即位までに全体の四分の三以上が国王の手を離れていた。エリザベスもまた、戦費補塡のために売却を続けなくてはならなかった。ノルマン征服時以来の大規模な土地の移動であったが、ここで獲得された土地がジェントルマン階級のこの後の台頭の経済的基盤となっていった歴史的意味は大きい。

一方、修道院解散のさなか、一五三六年にリンカンシァに端を発した解散反対の動きが、ヨークシァでジェントリや農民もが参加した大規模な民衆蜂起に拡大した。いわゆる「恩寵の巡礼」であるが、その要求はたんに宗教的なものばかりではなく、農民一揆や北部支配層の中央への反発など多面的な性格をもつものであった。鎮圧軍は、当初は反乱の勢いにおされたものの、ついには鎮圧に成功し、首謀者ら二〇〇名が処刑された。

クロムウェルが活躍した一五三〇年代は、行政においても大きな変革の時期であった。中央では、一五三六年ころに「枢密院」が従来の国王評議会から分かれた独自の組織として整備された。すでにヘンリ七世の時代から、規模が大きく効率の悪い国王評議会の改革が試みられていたが、以後は枢密院が政策決定の中枢機関となった。一五四〇年ころには枢密院の司法関連の事柄を扱う「星室裁判所」が整えられ、騒擾《そうじょう》や国王布告違反などを扱い、迅速な裁判で治安維持にあたった。

一方、地方行政においては、有力貴族の支配下にあったり、特権に守られたりして、いまだに完全には国王の意向が貫徹しない領域からその特権を排除して、できるだけ国王への権力の集中をはかること、すなわち、その地域の住民の忠誠の対象を、貴族などの在地の有力者だけではなく、国王に転化させていくことがめざされた。王権による地方統治の司法・行政の両面で要となったのが治安判事である。各州の有力ジェントリから選任された彼らは、おもに四季裁判を通じて、無報酬ながらも国王の権威に基づき、その多岐にわたる職掌の遂行につとめた。

なかば独立的な様相を呈し、ヘンリ七世もその対処に苦心したイングランド北部地域にたいしては、「恩寵の巡礼」鎮圧を機に、一五三七年に「北部評議会」を統治機関として再編した。しかし、古くからの大貴族が力をふるっていた北部地域が国王によって完全に掌握されるにはさらに時間が必要で、エリザベスの時代を待たなくてはならなかった。一方で、一五三六年にはウェールズとの「合同法」

が成立し、ウェールズ辺境伯領が解体されて、ウェールズ全体がイングランドと同様の「州」に再編された。ウェールズにも国会議員の議席が配分され治安判事がおかれた。この合同で法的にはイングランドとの区別がなくなり、イングランドの法律がウェールズでも施行され、英語が公用語とされた。しかし、ウェールズの人々が話す言葉はいぜんとしてウェールズ語であったため、宗教面ではエリザベスの時代にウェールズ語の聖書が認められ、礼拝もウェールズ語でおこなわれるなどの処置が講じられた。イングランドとの法体系の相違に不利益をこうむっていたウェールズの支配エリート層には、この合同は法的な面での差別解消であると歓迎され、ほとんど抵抗なく実施された。

## 2 宗教の動揺

### ヘンリ八世の晩年

イングランドの宗教改革の始まりは、ヘンリ八世の離婚問題に端を発したようにきわめて政治的で、必ずしもプロテスタンティズムの浸透を反映したものではなかった。ヘンリ自身も、その宗教信条は旧来のカトリック信仰と大きく変わるものではなかった。そのため教会の階層的な制度である「主教制」が廃されることはなかったし、国王周辺にもノーフォーク公やウィンチェスタ主教ガードナらの保守派が力を維持していた。信仰箇条を定めた一五三九年の「六カ条法」はこういった保守派の巻き返しとヘンリの保守化支持を示している。そこでは化体説《かたいせつ》に基づき、パンのみによる聖餐《せいさん》やミサ、告解が指示されていた。

こういった状況下で、外交につまずいたクロムウェルの権力にかげりがみえ始めていた。ウルジ同様、国王の支持だけが頼りのクロムウェルにとって、ヘンリが政敵ノーフォーク公の側に重心を移していったことは、自らの破滅を意味した。一五四〇年、エセックス伯に叙せられたわずか二カ月後にクロムウェルは逮捕され、まもなく反逆者として処刑された。しかし、その後も保守派が権勢を長く維持できたわけではなかった。ヘンリは、いわば「親政」をおこない、多くの問題に自らが断をくだした。政務にかんしては枢密院が順調に機能し、もはやウルジやクロムウェルといった強烈な個人は必要とされなかった。まもなく親プロテスタント的な勢力の復権がみられたが、その中心は皇太子エドワードの伯父ハートフォード伯エドワード・シーモアで、治世末までノーフォーク公と権力争いを演じることになる。

最晩年の一五四〇年代、ヘンリはふたたび国際舞台での軍事的成功への関心をいだき始めた。そのきっかけはスコットランドにあった。スコットランドとはヘンリ七世の婚姻政策によって一時的に和平が維持されたが、それも長くは続かなかった。ヘンリ八世が即位した際、ヘンリの姉婿にあたるスコットランド王ジェイムズ四世はイングランドへの侵攻を試みた。しかし、国境近くのフロッドンの戦いでイングランド軍に大敗し、ジェイムズ自身が戦死、貴族の半数までをも失う結果となった。この敗戦ののち、イングランドへの対抗上、スコットランドはフランスとの結びつきを強め、イングランドにとって大きな脅威となっていた。そこで、一五四二年にスコットランド王ジェイムズ五世(在位一五一三〜四二)がイングランドとの戦いの最中に死亡し、生まれたばかりのメアリ・ステュアート(在位一五四二〜六七)が即位したのを契機に、皇太子エドワードとメアリの婚姻を画策した。もちろん、スコットランドの事実上の併合を意味するこの計画は失敗し、ヘンリは直接フランスとの対決の道を選ぶことになった。一五四四年、カール五世と結んだヘンリはフランスへ侵攻するが、成果はブーローニュを占領したにとどまり、莫大な戦費負担だけが残る結果となった。その出費の補塡のために王領地が売却され、貨幣が悪鋳された。

### エドワード六世の時代

一五四六年にヘンリが病に伏せると、ハートフォード伯とノーフォーク公の対立が激化、政争に破れ逮捕されたノーフォーク公は死刑を宣告された。しかし、その処刑当日である一五四七年一月二十八日にヘンリ八世が死去、からくも処刑をまぬがれた。とはいえ、新国王エドワード六世(在位一五四七〜五三)の周囲から保守派はすでに一掃されていた。

エドワードは、アン・ブーリンが姦通の罪で処刑されたのちにヘンリ八世の妃となったジェイン・

シーモアが生んだ待望の男子であった。ヘンリの晩年の宗教改革推進と保守化が繰り返されたなかでもプロテスタントとして養育されたが、即位当時まだ九歳にすぎなかった。晩年のヘンリはこの点に将来の不安を感じたのだろう、一五四四年には「王位継承法」を制定し、エドワード、メアリ、エリザベスの順の継承順位を定めている。結局、この継承法で定められた順にヘンリの子供全員が王位に就いたのちにテューダー朝は絶えることになるが、強力な王権維持のために嫡出男子を求めて悪戦苦闘し、ローマ教会から離反までしたヘンリの意図からすれば、皮肉な結果であったといえよう。

即位後、幼少のエドワードの治世を実際にとりしきったのはハートフォード伯であった。国王の伯父として、反対を押しきり摂政の地位とサマセット公の爵位を手にいれ、枢密院をも影響下におき、統治の実権を握った。のちに宗教改革のシンボルとして神話化された「敬虔な少年王」の治世の実態は、後見役を演じた有力貴族が支配する時代であった。

プロテスタント信仰をもったサマセット公のもとでは、一層の宗教改革が推し進められることになった。まず、「六カ条法」をはじめとするプロテスタント信仰の妨げになる諸法律が廃止された。ついで、一五四九年に「礼拝統一法」を制定し、カンタベリ大主教クランマの作成になる「共通祈禱書」に基づく英語による礼拝を義務づけ、違反者には罰則を課した。内容的には曖昧な点も残す、比較的穏やかなものであったが、それでもその使用強制にたいして、デヴォンシァとコーンウォルで旧来のラテン語による礼拝を求める反乱が勃発したことは、民衆のあいだでは必ずしもプロテスタンティズムが十分に浸透していたわけではないことをうかがわせる。しかし、一方で急進的なプロテスタントにとっては、この祈禱書は満足のゆくものではなく、一五五二年にはよりプロテスタント的に改訂した「第二共通祈禱書」が同じくクランマによってつくられ、同年の「第二礼拝統一法」によって使用が義務づけられた。翌一五五三年には、化体説を完全に否定した「四十二カ条」の信仰箇条が定められ、エドワード時代の宗教改革は頂点に達した。

教義の改変が続く一方で、ヘンリ時代以来の教会財産の没収もはかられた。すでにヘンリ八世の最晩年に決定しながら、王の死によって実施が延期されていた「寄進礼拝堂解散法」が一五四七年末に再制定された。寄進礼拝堂の目的である死者へのミサがカトリック的迷信であるとの理由によるが、その狙いは寄進礼拝堂に付随していた土地財産にあった。さらに、旧修道院領も売却が続けられ、これらの教会財産でサマセット公などが私服を肥やした。

しかし、サマセット公が権勢をふるった時期はそれほど長くは続かなかった。まず、対スコットランド政策に足をとられてしまった。ヘンリ八世がもくろんだエドワードとメアリ・ステュアートの結婚による両王国の統合をふたたび画策、スコットランドの拒否にあうと軍事行動を起こし、スコットランド軍を打ち破った。しかし、この戦争はかえってスコットランドをフランスとの同盟に追いやる結果となり、一五四八年にメアリはフランス国王アンリ二世のもとへと逃れ、のちにはその皇太子と結婚してしまうことになる。イングランドはフランスとの苦しい戦争をよぎなくされ、その戦費負担が重くのしかかった。さらに、一五四九年には、先述のデヴォンシァやコーンウォルでの反乱に引き続いて、ノーフォークを舞台にした「囲い込み」反対を訴えた農民反乱、いわゆる「ケットの反乱」が起こった。当時、毛織物貿易の拡大にともない、羊毛生産のための土地確保を目的としてこの地方で進行していた囲い込みにたいし、農民の不満がつのっていたのである。この反乱には、サマセット公自身が囲い込みに否定的な見解をもっていたため適切な方策がとれず、その責任を問われて捕えられ、ロンドン塔へ送られた。

サマセット公追い落としの主役は、ケットの反乱を鎮圧したウォリック伯ジョン・ダドリであった。保守派の支持をえてサマセット公を失脚させたのちに権力を握った彼は、一五五一年にノーサンバランド公となり、翌年にはサマセット公を謀反のかどで処刑した。対外的には、権力掌握後すぐに、財政破綻をもたらしていた対フランス・スコットランド戦争を講和へと持ち込んだ。教会にかんしては、当初保守派の支持を取りつけたようにノーサンバランド公自身はプロテスタント信仰をもたなかったため、急展開をとげた改革に終止符が打たれ、ヘンリ時代への回帰がなされることが期待された。しかし、ノーサンバランド公は国王エドワードの改革続行の意向に迎合し、教会からの収奪をも期待して、一層の改革路線をとることになる。教区教会からは宝石類やカトリック礼拝廃止により不要とみなされた礼拝用具、鐘などが没収された。混乱に乗じた掠奪まがいの収奪もあり、教区教会の荒廃を進めることになった。

ノーサンバランド公の政策のなかで注目されるのは、ヘンリ八世時代より繰り返された貨幣の悪鋳のために進行していたインフレ対策である。トマス・グレシャムらによって進められた品質のよい貨幣への改鋳により通貨の信用は高まったが、皮肉なことに、それまでの「悪鋳」による為替レートの低下によって輸出を伸ばしていた毛織物産業が、「良貨」による為替レートの急騰によって輸出にブレーキがかかる結果となった。活況を呈していたイングランドの経済は、一五五〇年を頂点に一転、世紀後半を不況一色に染めてしまうことになる。

その狷介《けんかい》さや貪欲のためノーサンバランド公の世評はかんばしくなかったが、病弱なエドワード六世の余命がいくばくもないのを知った際の彼の策謀にその権勢欲がよくあらわれている。エドワードが死亡した場合には、王位継承法によりメアリの即位が決められていたが、カトリック教徒のメアリにプロテスタント改革を推し進めたノーサンバランド公が受け入れられるはずはなく、その失脚は明らかであった。そこで彼は、メアリの信仰をきらっていたエドワードに説いて、メアリとエリザベスの王位継承権を奪い、ヘンリ七世の曾孫にあたり、自分の息子の妻でもあったジェイン・グレイへの王位の継承を指示した遺言書をつくらせた。新国王の義父として権力維持をはかったのである。しかし、エドワードの死に際し、メアリの身柄拘束に失敗、ジェインは即位を宣言したものの、逃れたメアリがサフォークで即位宣言をおこなうと、形勢は一気にメアリに傾いた。もはやノーサンバランド公を支持するものはなく、捕えられた公は大逆罪で処刑された。

## メアリ一世のカトリック復活

一五五三年七月に王位に就いたメアリ(在位一五五三〜五八)は、イングランド初の女王であった。女王誕生による王朝の動揺を危惧したヘンリ八世が、宗教改革への道を歩み始めてから四半世紀、もはや「女王」にたいする疑念や不安は大きなものではなくなっていた。長い不遇の時代をたえ、ノーサンバランド公の策謀を打ち砕いたメアリの強靭さは、まさに彼女がテューダーの一員であることを示している。歓呼の声をもってむかえられた新女王がカトリック教徒であることは周知のことであり、遅かれ早かれイングランドのカトリックへの回帰がなされるであろうことは明らかであった。早くも即位直後からロンドンの一部でミサが、いまだ違法であるにもかかわらず復活するなど、エドワード時代の改革を苦々しく感じていた人々にとっては待望の国王であった。一方、状況の急変は不可避であったので、プロテスタントも亡命が可能な者は大陸へと渡っていった。女王側もまた国内の不安要因となるであろうプロテスタントが亡命するのを望んでいた。

しかし、カトリックへの復帰はたんに女王の意向だけで決定できるものではなかった。議会法の積み重ねで進行してきた宗教改革の撤回には、やはり議会法による廃止の手続きが必要であった。即位後さっそく召集された議会は、ほとんど抵抗なく「礼拝統一法」などエドワード時代の一連の宗教改革関連の法律を廃止していった。この時点では、イングランドはヘンリ八世末年の状態へと戻ったにすぎず、いまだに法的にはメアリは国教会の首長であった。イングランドが正式にローマ教会のもと

メアリ時代のプロテスタントの火刑　処刑されているのはエドワード時代の主教であったラティマとリドリ（フォックス『殉教者の書』1563年より）。

へ復帰するのは、翌一五五四年、議会がさらに「国王至上法」などヘンリ八世時代の宗教改革法を廃止し、教皇使節レジナルド・プールによる「許し」をえたときである。プールは、エドワード三世の子孫であり、ヨーク家の一員として王位継承権を主張できる立場にあったが、ヘンリ八世の離婚問題がもとで王と対立したために亡命していた。その学識でヨーロッパ中に知られ、トリエント公会議にも参加したカトリック改革の指導者の一人で、教皇候補にもあげられた人物である。この後、彼はカンタベリ大司教としてメアリ時代のカトリック復活・改革を支えることになる。

ただし、ローマ教皇との和解に際して、議会の協力とひきかえにメアリがあきらめざるをえなかったのが、旧教会財産の回復である。修道院解散などから利益をえていた貴族・ジェントリにとって、教義の変更はともかく、せっかく獲得した土地財産を手放すことは承服できるものではなかった。教会財産をめぐる状況はすでに国王の手の届かないものになっており、女王自身、修道院の復活を望みながらも、財政補塡のために旧修道院領の売却を続けなくてはならないという矛盾におちいっていた。また、それ以外にも、宗教改革後に改編された主教区はそのまま存続し、改革後に叙品された聖職者もその正当性は問われなかった。より重要なのは、教皇教書はイングランドの法律に反しない範囲でのみ有効という制限を設けられ、その絶対性を否定されていたことである。もはや、単純な時代の逆戻しが可能な状況ではなかった。

議会に代表される貴族・ジェントリの多くがカトリック復活を容認したのにたいし、あくまでプロテスタント信仰を支持した人々は、「異端法」によって取り締まられていった。棄教をあくまでこばむ者は異端者として火刑に処せられ、その数は三〇〇人近くになったとされる。クランマやラティマ、フーパといった主教クラスの高位聖職者も含まれたが、大部分は社会の下層に位置した人々で、ジェントルマン階級に属する者はわずかであった。おそらくは、ジェントルマンのように亡命もかなわず、素朴な信仰に殉じた者が大部分であったと思われる。こういった処刑それ自体は、当時としてはそれほど特異なものではなかったが、エリザベス時代にプロテスタントの教会史家ジョン・フォックスが『殉教者の書』において、その姿を英雄化して描いたため、メアリのカトリック「反動」のイメージを後世に決定づけることになった。

## フェリペとの結婚

カトリック復活とともにメアリ治世の基本となったのが親スペイン政策であった。母キャサリンの母国であり、その信仰を考えるとメアリにとっては当然の選択であったかもしれない。しかし、早くから庶民院もイングランド人の夫をむかえることを請願するなど、多くの反対があったにもかかわらず、メアリがスペイン皇太子フェリペ(のちのフェリペ二世)との結婚の意向を明らかにしたことは、その後の治世に影を落とすことになった。

メアリの結婚によるスペインとの同盟をきらった一部の貴族・ジェントリによっていくつかの反乱

の計画が立てられた。なかでも、もっともメアリにとって深刻なものとなったのが、ケントのジェントリ、トマス・ワイアットに率いられた反乱である。一五五四年に蜂起したワイアット軍はロンドンをめざし、一時メアリを危機的な状態に追い込んだが、ロンドンが女王支持にとどまったため、反乱は鎮圧され失敗に終わった。この反乱にプロテスタントの影響をみたメアリは、反プロテスタント政策を強化していくことになる。

メアリとフェリペは、結婚によってフェリペにも「王位」が認められることを望んだが、これには議会が強固に反対した。結局、フェリペのイングランドでの王としての権威は、メアリと夫婦であるかぎりにおいてのみ認められ、王位が将来スペインの手に渡ることのないように規定された。結局、この結婚はメアリとイングランドには不利益ばかりをもたらすことになる。

その最たるものはフランスとの戦争であった。一五五六年にスペイン王となっていたフェリペは、教皇と結んだフランスと対立し、戦争へと発展した。フェリペの要請によりイングランドもフランスに宣戦するが、一五五八年にはイングランドが大陸に維持していた最後の領土カレーを奪われてしまう。かつての大陸でのイングランドの栄光のなごりであったカレーの喪失が当時のイングランドの人々に与えた衝撃は小さなものではなかったが、結果的には、のちにイングランドが大陸への関与を最小限におさえ、新世界へ目を向けていく転機となった。

フランスとの戦争はフランスと結ぶ教皇庁との関係の悪化をも意味した。教皇パウルス四世は、メアリの右腕としてカトリック復活の中心となっていたプールを異端の疑いで取り調べるためにローマに召喚しようとした。メアリは審査の権限はまずイングランドにあるとしてこれを拒否、ローマ教皇との関係は一気に冷却化したが、カトリック復帰をはたしたメアリにとって、父ヘンリの行動の再現のようなこの決定は皮肉なものであった。

外交では思うようにいかなかったメアリであったが、財政改革においては短期間に大きな成果をあげている。エドワード時代にノーサンバランド公が始めた改革を引き継ぎ、財務府を再編・活性化し、あらたな貨幣改鋳の準備をおこなった(実施はエリザベス時代)。関税徴収の効率化にもつとめ、関税収入の七五%もの増加をもたらしている。

しかし、より切実にメアリとフェリペが必要としたのは、嫡子すなわち王位後継者であった。子供がなければ、メアリの死とともにフェリペの権限は消滅し、妹エリザベスの即位によってカトリック復帰政策が頓挫し、メアリの努力が水泡に帰するのは明らかであった。しかし、子供にはついに恵まれないまま、失意のうちにメアリは病に倒れ、一五五八年十一月にその生涯を閉じた。

## エリザベスの宗教政策

メアリが着手したカトリック復活の試みに確実な成果を期待するには、わずか五年の治世は短すぎた。しかし、それは、必ずしも当時のイングランドの人々の心情とまったくかけ離れた孤立無援の政策であったわけではない。エリザベス（在位一五五八〜一六〇三）即位後も、主教をはじめとする高位聖職者は一団となってメアリの立てた路線を支持したし、エドワード時代のような急進的なプロテスタント化には戸惑い、嫌悪する人々も多かった。聖書の文言を重視するプロテスタント信仰は、文字になじみの薄い庶民の多くにはまだまだ縁遠いものであった。一方で、亡命していたプロテスタント指導者の帰国もあいついでいた。あらたに即位した二十五歳のエリザベスが直面した問題は、この一様でない宗教状況をどう収拾するかであった。

エリザベス自身は、やや保守的ながらも明らかにプロテスタントの信仰をいだいていたが、メアリのカトリック信仰ほどには「理想主義的」ではなく、現実を冷徹に判断するしたたかさをもっていた。メアリを失ったフェリペ二世が、イングランドをスペインにつなぎとめておくためとはいいながら、エリザベスに求婚したことも、宗教が万事を決する要因とは必ずしもみなされていなかったことを示すだろう。

即位翌年の一五五九年に成立した「国王至上法」と「礼拝統一法」がエリザベスの宗教政策の基本となったが、結果的には今日にいたる国教会の出発点ともなった。ただ、ヘンリ八世、エドワード六世時代の法律とは、名称は同じでも内容は多少異なる。エリザベスの国王至上法では、国王は教会の「首長」ではなく「統治者」とされ、世俗権力という色彩を強めることで、国王が教会の聖俗両面での首長であることに抵抗を覚える人々でも妥協点をみいだせるように工夫された。礼拝統一法に基づ

ヘンリ８世と子供たち　中央がヘンリ８世，その右で手に剣をもってひざまずくのがエドワード６世。画面左側にはメアリとフェリペが軍神マルスをともない，彼らが始めた戦争をあらわしている。右側にはエリザベスが，豊穣の象徴である果物とともにフローラをつれた姿で描かれ，その治世の繁栄を表現している。王位継承を象徴的に示したエリザベス時代に描かれた絵画。

く共通祈禱書も、司祭の祭服着用を義務づけるなど一五五二年版に比べてカトリック色を強めたものとなっている。さらに、一五六三年には聖職議会によって「三十九カ条」の信仰箇条が制定され、国教会の神学的立場が示された。しかし、多くの人々を国教会の外に追いやってしまうような厳密な定義は注意深く避けられたし、カトリック教徒には受け入れられない聖餐の規定箇条を当面は伏せたかたちで公にされている。これらの処置がめざしたのは、神学的に純粋な教会をつくることではなく、できるだけ多くの人々を国教会に包摂することであった。

それは裏返せば、国教会に不満をいだく多くの人々がいたことを示す。ヘンリ時代から宗教改革に反発していた人々に加え、メアリ時代には短期間ながらもカトリック信仰の活性化がはかられていた。とくに貴族やジェントリなどの上流階級にその支持者が多くいた。もちろん、カトリック信仰に共感を覚える人々でも、その多くは国王への忠誠を守ったのだが、エリザベスの体制が浸透し安定するまでは、国内の分裂を引き起こすことは極力避けられた。エリザベスがカトリック弾圧に力をいれるのは、その治世後半にイエズス会宣教師の活動が活発になってからのことで、治世末までに二〇〇名ほどが処刑されている。

しかし、穏健なカトリック教徒をも包摂しようという政策には、当然教義的に曖昧な部分を多く残さざるをえなかった。これらの点にたいしプロテスタント信仰の立場から批判を向けたのが、いわゆるピューリタンである。ただ、「ピューリタン」とは国教会のさらなる改革を求める人々にたいする揶揄《やゆ》として生まれた名称で、必ずしもその意味するところや範囲は明確ではなく、国教会とピューリタンのあいだをはっきりと区別するのは不可能といってよい。いわば、組織の維持を重視した人々と教義の純粋化を求めた人々、といった国教会内での方針の相違の表れであった。ただ、祭服着用義務への反発や教会内でのオルガン使用の是非など、両者が激しく対立した点も多く、その過程で国教会と袂をわかつ聖職者もでた。ロバート・ブラウンに率いられた「分離派」のように国教会批判をエスカレートさせたグループには、カトリック教徒同様に弾圧、処刑という手段もとられた。

これが、いわゆるエリザベスの「中道」政策であった。したがって、エリザベスの即位や「国王至上法」「礼拝統一法」「三十九カ条」は、それら自体が宗教改革の決着であったとはいいがたい。イングランドがまがりなりにも「プロテスタントの国民」となるのは、旧世代にかわってエリザベスの体制のもとで育った世代が社会の中心となる一五八〇年代のことである。ヘンリの離婚問題に始まった宗教の動揺は、半世紀以上をへて、ようやく一応の安定をむかえた。

## 3 エリザベスの治世

### 治世の安定と社会不安

エリザベスの枢密院を動かしていた中心は、国王秘書長官ウィリアム・セシル（のちのバーリ男爵）やニコラス・ベイコン、フランシス・ウォルシンガムなど、貴族以外の階層の出身者であった。大貴族の中央政治への影響力はしだいに弱まっていったが、中央から離れた地方ではまだまだ貴族の支配は強力なものがあった。とりわけ、パーシィ家やネヴィル家など北部地域に勢力を誇っていた大貴族の存在は、彼らがカトリックに共感をよせていたということもあわせて、エリザベスの治世の不安要因であった。

そこに登場したのがスコットランドのメアリ・ステュアートである。メアリは夫であるフランス王フランソワ二世の死後、一五六一年にフランスから帰国したが、すでにスコットランドはジョン・ノックスの指導のもとに宗教改革を断行していた。そのような状況下で、メアリのカトリック復古政策や再婚した夫ダーンリ卿暗殺への彼女の関与をめぐる疑惑が貴族の反発を招き、一五六七年には王位を追われ、翌年イングランドに亡命した。このイングランドの王位継承権をもつカトリック教徒の出現は、ノーサンバランド伯（パーシィ家）やウェストモーランド伯（ネヴィル家）といった北部の貴族たちにはエリザベス打倒の格好のチャンスと映った。宗教の問題には一応の筋道がつけられていたとはいえ、宗教体制の安定はひとえに治世の長さにかかっていた。エドワードやメアリの治世の短さが宗教体制の動揺を招いたように、今エリザベスが倒れれば、国教会体制の破綻は明らかであった。しかし、不穏な動きは事前に察知され、追いつめられたノーサンバランド伯とウェストモーランド伯は一五六九年に反乱を決行したが、彼らのもとに集まるジェントリはなく、カトリック教徒の多くも女王支持にまわった。結局、彼らは亡命し、反乱は失敗に終わった。両伯の所領が没収され、ヘンリ七世以来の課題であった北部地域への国王権力の浸透が実現することになる。

北部反乱の鎮圧は強力なカトリック庇護者の消滅をも意味したが、多くのカトリック教徒が反乱を支持しなかったことは、教皇ピウス五世にとってショックであった。そこで教皇は一五七〇年にエリザベス破門の教書をだし、イングランドのカトリック教徒に反エリザベスの活動をうながした。この教書はエリザベスのカトリックにたいする態度を硬化させ、国王への忠誠と信仰の板挟みに苦しんでいたイングランドのカトリック教徒をいたずらに困惑させ混乱を招いただけであった。以後、カトリック信仰はジェントルマンなどの家庭で細々とその命脈を維持するが、宣教師やイエズス会士は危険視され、反逆者として厳しく取り締まられていった。また、翌一五七一年には、もはやカトリック教徒の取り込みは困難との判断から、先に決定されながら伏せられていた「三十九カ条」の聖餐規定が公にされ、国教会のプロテスタント色が鮮明にされた。

しかし、宗教にかかわる問題にはそれなりの成果をあげたのにたいし、当時の社会や経済の状況はけっして良好なものではなかった。治世の前半こそ凶作や疫病の被害からまぬがれて落ち着きをえてはいたものの、一五五〇年代に始まった貿易の不振はエリザベスの時代になっても低迷を続けていた。しかも、かつてイングランドの毛織物の重要な貿易市場であったフランドルのアントウェルペンは、スペインの領土であったため、両国の対立がこの貿易関係を大きく阻害し、最終的にはネーデルラント独立運動にともなうアントウェルペンの没落によって終止符が打たれた。その結果、イングランドは毛織物産業の深刻な不況にみまわれ、それにともなう大量の失業者が生み出された。そのうえ、十六世紀には人口増大が続き、物価も上昇を続けた。ふえ続ける失業者は貧民や浮浪者として、エリザベスの時代を通じて社会不安の大きな要因であった。その解決策として制定されたのが一六〇一年の「救貧法」である。教区ごとに救貧税を徴収し、貧民対策にあてることが規定されたが、失業者や浮浪者を労働が可能であるにもかかわらず就業しない「犯罪者」とみなすなど、懲罰的な色彩が濃いものでもあった。

不況克服のためにさまざまな方策が試みられた。アントウェルペンにかわる貿易市場を求め、メアリ時代のモスクワ会社(一五五五年)に続いてレヴァント会社(一五九二年)や東インド会社(一六〇〇年)などの東方貿易の会社が設立された。また、あらたな北東航路などの新交易路の開拓や北米への植民地建設の試みなども続けられ、のちの帝国形成への出発点となった。さらに、地方のジェントリのなかには、自らの領内の産業育成と雇用確保のためにさまざまな「実験企業」を起こしていく者もあらわれた。それらから、靴下編み産業、薄手の新毛織物、石けん、製紙などの新しい産業が――ときには国王の独占特許をえて――成長していくことになる。

### エリザベスの外交

エリザベスは即位後まもない一五五九年に、フランスとのあいだにカトー・カンブレジ条約を締結し、不毛な対フランス戦争に終止符を打った。さらに、同年スコットランドでノックスの指導のもとプロテスタント貴族がフランス支配にたいし反乱を起こしたのを機に軍事支援をおこない、翌一五六〇年にエディンバラ条約を締結。スコットランドにおけるプロテスタント支配を確実にし、北方の脅威であったフランス軍をスコットランドから排除することに成功した。

しかも、フランスはこの後まもなく宗教戦争の混乱におちいってしまい、その国力を弱めていく。さらに一五七二年にはフランス内での親英派の台頭を機に「ブロワ条約」により同盟関係が結ばれるにいたった。ヨーロッパの覇権を競った大国の一方が後退した今、エリザベスにとって最大の脅威となったのはスペインであったが、スペインもまた当時スペイン領であったネーデルラントでの反乱対策やイタリア政策に忙殺されていた。エリザベスにとって幸いなことに、治世がまだまだ不安定な一五六〇~七〇年代に、大陸の混乱をよそに、イングランドが戦乱に巻き込まれる事態は避けられたのである。

しかし、スペインとの対立はネーデルラントを焦点にしだいに強まっていく。自国の安全のためにネーデルラントの自治を維持しておきたいエリザベスと、その独立運動の弾圧をはかるスペインの利害が対立したのである。イングランドがプロテスタント色を強めていくにつれて宗教的な要素も色濃く反映し、その対立は避けがたいものとなっていった。当初大陸への軍事介入には消極的であったエリザベスも、ネーデルラント北部一七州(オランダ)の独立宣言(一五八一年)後、一五八五年にはオランダ支援のためにレスタ伯指揮による七〇〇〇名の兵士派遣に踏み切った。しかし、圧倒的なスペイン軍の前に戦況ははかばかしいものではなく、長期化した戦いはさらに多くの将兵の派遣と重い財政負担を必要とするようになる。治世末までに大陸に送られた兵士の数は一〇万をこえ、戦費は四五〇万ポンドにもなった。

国内では、北部反乱ののちもエリザベス排除・暗殺の陰謀が続発した。一五七一年にはフィレンツェの金融業者リドルフィがノーフォーク公と共謀して政府転覆をはかるが露見し、ノーフォーク公が処刑された。一五八三年にもフランス軍をイングランドとスコットランドに同時に侵攻させる計画が未然に防がれたが、それらの背後でスペインや一部のイエズス会士が暗躍しているのは明らかであったし、こうした陰謀がエリザベス亡きあとの後継者にかつごうとしていたのがメアリ・ステュアートであった。一五八六年にもエリザベス暗殺の計画が発覚したが、このときついにメアリの陰謀への関与を示す証拠が明らかになった。エリザベスは明確な態度を決めかねたが、議会はメアリの処刑を求め、枢密院もメアリの処刑を決定、一五八七年に処刑は実行された。メアリの処刑はスペインが期待したイングランド内部での政変の可能性を事実上消し去ることになったが、このころすでにスペインではイングランド侵攻の準備が進んでいた。一三〇隻もの大船団「無敵艦隊」の派遣である。

ネーデルラントでの開戦以前から、フランシス・ドレイクなどが率いるイングランドの私《し》拿《だ》捕《ほ》船が新大陸からのスペインの銀船団を襲撃するなど、海上での小規模な衝突は繰り返されており、スペインとの関係は最悪の状態になっていた。スペインとの戦いが始まり、無敵艦隊来襲が懸念され始めると、ドレイクはスペインの拠点カディス港を奇襲する(一五八七年)などして、できるだけスペインの艦隊準備を遅らせることにつとめた。しかし、ついに一五八八年七月、両国の艦隊は英仏海峡で激突した。チャールズ・ハワード提督以下ドレイク、ホーキンスらに率いられたイングランド艦隊は装備では劣ったものの、巧みな砲撃と策略により勝利をえた。海戦に敗れたスペイン艦隊は、帰

エリザベスをコンスタンティヌス大帝になぞらえた頭文字“C”　足元の教皇が手にする鍵は教皇権の象徴であるが，折られている(フォックス『殉教者の書』1563年より)。

国のため迂回したスコットランド沖での嵐や座礁のためにさらに多くの船を失い、故国へ戻ることができた艦船は半数にすぎなかった。

まさに神佑天助《しんゆうてんじょ》の風とともにエリザベス治世の輝かしい「神話」となる勝利であったが、実際には、無敵艦隊の敗北によって一気にイングランドが制海権を掌握したわけではない。スペインはこののちも、実現はしなかったものの、再度のイングランド攻略を計画したし、西インドなどを舞台に両国艦船の衝突は続いた。そのため、以後もイングランドは対スペイン防衛のために多大の出費継続をよぎなくされ、財政のさらなる悪化を招くことになる。「常備軍」といえるものをもたなかった当時のイングランドにとって防衛の要となったのが「民兵《ミリシア》」であり、国防体制整備の過程でその強化もはかられた。それにより、州ごとの民兵隊の責任者であった「統監《ロード・レフテナント》」の権限が高まり、従来の州長官《シェリフ》にかわって、地方行政の中心的位置を占めるにいたった。

## 宮廷政治の光と影

テューダー期の政治の舞台は宮廷であった。宮廷は国王の生活の場であるとともに、統治機関でもあった。しだいに両者の区分が明確になり、整備されてきたとはいえ、国王を頂点とする恩顧関係が支配する世界でもあった。貴族や騎士《ナイト》の称号、官職、土地、独占特許、などさまざまな名誉や権益を求めさせることで国王への求心力を強め、恩顧(パトロネジ)を与えることで忠誠心を高めさせたのである。さらに、恩恵を求める人々と国王の仲介をすることで、宮廷内の有力者を中心とするいくつかの派閥が形成されていった。エリザベスの治世前半には、バーリ卿ウィリアム・セシルとレスタ伯ロバート・ダドリが二大派閥を率いて力を競ったが、十分な官僚制をもたなかった女王はこれらの派閥間のバランスを巧みにとることで、統治をうまく機能させたのである。

しかし、「無敵艦隊」撃退を境に、レスタ伯、ウォルシンガム、大法官クリストファ・ハットンとエリザベスの治世を支えた重臣がつぎつぎに世を去り、宮廷内派閥の世代交代が進んだ。とりわけ、エリザベス即位以来四〇年間にわたり国政を掌握していたバーリ卿の死(一五九八年)はひとつの時代の終焉を象徴していた。しかも、一五九〇年代は社会・経済面でも危機的状況にみまわれた時期であった。長期化した戦争、深刻な凶作と飢饉、インフレの進行、疫病の流行、各地での食糧暴動。かつてイングランド人の海外への「雄飛」と表現されてきた植民地建設の試みも、こうした社会問題を背景によぎなくされた解決策のひとつにほかならなかった。まさに時代は曲がり角にきていたのである。

新世代もまた、パトロネジを求めて派閥を形成したが、なかでもウィリアムの息子ロバート・セシルとレスタ伯の義理の息子エセックス伯ロバート・デヴルーが覇を競った。ただ、かつてのバーリ卿とレスタ伯のバランスのとれた派閥間競争とは異なり、パトロネジの独占をめざしたエセックス伯の活動は、結果的にその破滅をもたらすことになった。女王の信任がセシルに傾くのに危機感をつのらせたエセックス伯は、一六〇一年に無謀な蜂起に起死回生をかけたが、支持を集めることはできずに失敗、反乱の罪で処刑されてしまう。これにより、すべてのパトロネジがロバート・セシルのもとに集中され、有力廷臣が競いながら女王を支えていくというシステムは完全に破綻した。

エリザベスの最晩年、女王を悩ませたのが「独占特許」をめぐる議会の不満であった。本来「実験企業」育成のために与えられていた独占特許は、しだいに売買されるパトロネジのひとつとして乱発されるようになっていた。特許の付与という国王大権に属する事項を規制しようという議会の動きは、女王とのあいだに厳しい対立を生んだ。結局、財政逼迫のため議会の協力を必要としていたエリザベスがおれ、自ら特許の一部を撤廃する国王布告をだすことで議会の不満をおさえざるをえなかった。

最後に残った大きな課題は王位継承者を誰にするかであった。独身であったエリザベスには当然子供はなく、テューダーの嫡流も彼女の死とともにたえる運命にあった。エリザベスの結婚問題は、寵臣レスタ伯とのロマンスを含め、即位直後から海外の王族を中心にさまざまな候補があらわれたが、結婚自体が同盟という重大な外交政策決定を意味したので、国内外のさまざまな政治的・宗教的な思惑や派閥抗争が錯綜した。エリザベス自身、結婚問題を外交の手段として利用したし、メアリ一世やメアリ・ステュアートの失敗から慎重な態度をとりつづけ、結果的に生涯を独身で終えることになった。

晩年になってもエリザベス自身が後継者を指名することはなく、王位継承問題について議論することも禁止された。しかし、水面下ではさまざまな候補が取りざたされ、それらの支持者が派閥をなして、きたるべき女王の死に備えようとした。もっとも有力な候補が、テューダー朝の血を引き、メアリ・ステュアートの息子であったスコットランド国王ジェイムズ六世(スコットランド王として、在位一五六七〜一六二五)であり、セシルをはじめとする側近もジェイムズを支持した。例によってエリザベスは明確な同意は与えなかったものの、その意向は明らかであった。一六〇三年三月二十四日エリザベスの死とともに、テューダー朝の幕はおろされたが、晩年の女王に向けられた不満やさまざまな社会問題はそのまま、つぎの王朝に課題として残されたのである。

### イギリス・ルネサンスの光芒

エリザベスの時代が、その社会的・経済的な困難にもかかわらず、華やかな繁栄の時代というイメージをともなってきた背景には、無敵艦隊撃退といった劇的な事件のほかに、シェイクスピアをはじめとするルネサンス文化の輝きのなかに、時代の暗部が霞んでしまったことがあげられる。しかも、エリザベス自身が当時からさまざまな芸術分野で神格化して表現され、実像を離れた神話世界を生み出していた。宗教改革で否定された聖母マリア信仰の代替としての処女女王賛美ともみなされ、数多く残されたエリザベスの肖像画がそれを物語っている。ギリシア神話の女神たちをも恥じ入らせる風格と美貌をもつ女王として、宇宙を司る女神として、またキリスト教の保護者コンスタンティヌス大帝になぞらえて。王朝の起源を神秘化しようという試みはヘンリ七世にもみられるが、エリザベスはそのカリスマ性をもとに自らの神秘化に成功した点で、希有な存在といえるだろう。

文学の世界では、詩人たちがこぞってエリザベスを栄光の女神グロリアナとして神格化して讃えた。エドマンド・スペンサーの叙事詩『神仙女王』はそういった作品の代表である。スペンサーとならんでエリザベスの時代の詩の水準を高めたのがサー・フィリップ・シドニーである。ネーデルラントの戦場で三十二歳の生涯を閉じた彼の代表作としては、イタリア・ルネサンスの影響を受けたソネット形式による『アストロフェルとステラ』や牧歌文学の『アーケイディア』があげられる。若き日のシェイクスピアも詩作につとめ、『ヴィーナスとアドニス』などを出版し、ソネット形式の傑作も残している。

そのシェイクスピアに代表される演劇も、エリザベス時代に大きく開花した分野であった。中世以来の聖史劇や道徳劇、学校での学生劇などを先駆として、旅籠《はたご》を舞台にしていた演劇が常設の劇場をもつようになり、一五八〇年代にはロバート・グリーンやクリストファ・マーロウといった大学出の劇作家が優れた作品を発表している。そのあとを受けてシェイクスピアが登場する。一連のバラ戦争をテーマにした歴史劇に始まり、『ヴェニスの商人』『お気に召すまま』などの喜劇をへて、『ハムレット』をはじめとする四大悲劇、さらには最晩年の『テンペスト』などのロマンス劇にいたる彼の豊穣な創作世界は、われわれに社会の暗さを忘れさせるに十分な輝きをもっている。この演劇の伝統

**神格化されたエリザベス**　エリザベスを聖ジョージになぞらえて，ローマ教皇を示す怪物ヒュドラの洞窟から「真実」を救い出している姿として描いている。右手の海には，無敵艦隊撃退の様子が描かれている。17世紀の銅版画。

はベン・ジョンソンなどに受け継がれ、革命期ピューリタンによる禁圧までその花を咲かせつづけたが、社会風潮を反映してか、しだいに作風に暗い影も目立つようになった。ベン・ジョンソンも叙情詩人として活躍したが、同時代の詩人としては「形而上詩人」ジョン・ダンがいる。ダンが聖《セント》ポール大聖堂の首席司祭としておこなった優れた説教もよく知られる。

シェイクスピアなどが素材として歴史に取材した背景には、当時の歴史研究の発展があった。新王朝の権威づけや宗教改革の正当性主張など、歴史が政治的重要性をもったということや、ルネサンス人文主義に基づく古代探求意欲など、歴史研究を支える素地は十分に熟していた。『プルターク英雄伝』の英訳や、スコットランドやアイルランドをも含むイギリスの歴史を古代から叙述した『ホリンシェッド年代記』などが刊行され、シェイクスピア劇に素材を提供した。なかでも、ウィリアム・キャムデンの『ブリタニア』は本格的な古代イギリスの歴史地誌研究として、この後の歴史学の進展に大きな影響を与えた。

おもに民衆を対象とした演劇はともかく、シドニーが宮廷人でもあったように、イギリス・ルネサンス文化の中心舞台はなんといっても宮廷であった。女王をはじめとする宮廷人がパトロンとなってさまざまな文芸・芸術が花開いたのである。テューダー朝の各君主が音楽を好んだこともあり、テューダー期には優れた音楽家が輩出し、その頂点に達した。とくに宮廷の礼拝堂はその活動の中心として優れた宗教音楽家を育てた。イギリス・ルネサンス音楽を代表するトマス・タリスやウィリアム・バードは、カトリック教徒でありながらもエリザベスに重用され、宮廷音楽家の地位を維持した。音楽の分野でもエリザベス礼賛がみられ、マドリガル集『オリアナの勝利』(トマス・モーリー編)は女王賛美のために編集された。

ただ、絵画・彫刻の分野ではそれほど優れた作家はあらわれなかった。ヘンリ七世時代に彫刻家のピエトロ・トリジアーノがヘンリ七世の墓彫像を制作したり、ヘンリ八世時代にハンス・ホルバインが多くの宮廷人の肖像を描くなど、海外の著名な芸術家の来訪はあったものの、イギリス人による作品にはそれらの外国人作家の模倣の域をでるものは少なかった。この傾向はステュアート朝になっても、ルーベンスやヴァン・ダイクなどの招聘《しょうへい》というかたちで続いていく。そのようななか、イギリス独自の発展をとげたのが細密肖像画の分野で、ニコラス・ヒリアードやアイザック・オリヴァが優れた作品を残している。

ルネサンス文化の影響という点では建築もまた重要である。テューダー期は中世ゴシック建築からルネサンス的な古典様式の移行期にあたり、両者の混在、折衷がみられた。とくにこの時期、貴族・ジェントリを中心に建築ブームが起こり、王宮も含め各地にそれぞれの様式的特徴をもったカントリー・ハウスが数多く建てられた。ウルジによるハンプトン・コートはテューダー・ゴシック様式の代表であり、中世様式のなごりを色濃く残す。世紀なかばにサマセット公によって建てられた旧「サマセット・ハウス」のファサードは、ルネサンス風の古典様式を示すイギリスでもっとも早い作例のひとつであった。

# 第五章　革命の時代

## 1　ピューリタン革命の原因

### 「危機」との遭遇

十七世紀は、イギリス史上における革命の時代である。この時代のヨーロッパは、ルネサンスと大航海によって彩られた前世紀までとは対照的に、未曾有の異常気象に襲われた。各地で不作や飢饉が間断なく続き、局地的な暴動・一揆や大規模な反乱・戦争が頻発するという事態にみまわれていた。ヨーロッパ各国は、「十七世紀の全般的危機」といわれる試練をくぐり抜ける必要に迫られたのである。

十七世紀の初頭には「新興国」であったイギリスも例外ではなく、経済的・政治的・宗教的なさまざまな「危機」と遭遇することになる。それは、スペインのネーデルラント攻撃に端を発するヨーロッパ規模での経済不況であり、三十年戦争に起因する国際的な緊張状態でもあった。それはまた、絶対王政による政治的・宗教的弾圧であり、王政復古期における絶対王政への傾斜やカトリック化政策でもあった。

しかし、イギリスは、ピューリタン革命(一六四〇~六〇年)と名誉革命(一六八八~八九年)という二つの革命をへることによって、ヨーロッパを代表する主権国家となり、十八世紀にはヨーロッパや新大陸の覇権をめぐりフランスと争うまでに成長した。両方あわせて「イギリス革命」と呼ばれる二つの革命を転機にして、この国はどのような変化をとげたのであろうか。以下、一六〇三年から一七一四年にいたる時代を、ピューリタン革命の原因とその展開、名誉革命の原因とその帰結という四つの時期に区分して、十七世紀のイギリスが歩んだ足跡をたどる。

## ジェイムズ一世の治世

一六〇三年三月、エリザベス女王死去の報を受けて、スコットランド王ジェイムズ六世が、イングランド王ジェイムズ一世として即位した(在位一六〇三~二五)。これによってイングランドとスコットランドは、別々の議会をもちながらも同じ国王によって統治される「同君連合」となり、一六四九年まで続く初期ステュアート朝が開始された。しかし、この王朝の歴史はけっして平坦な道ではなく、王権と議会との政治的対立、国教会によるピューリタン弾圧、国王の恣意的課税にたいする議会の反発などによって特徴づけられ、ピューリタン革命を引き起こす諸要因が醸成されていった。

新国王にたいしていち早く動いたのは、国教会からカトリック的な要素を除去し、宗教改革を徹底しようとしたピューリタンたちであった。彼らは、ジェイムズが戴冠のためにロンドンへ向かう途上

ジェイムズ１世　スコットランド王としてはジェイムズ６世であった彼は，イングランドで即位後，しだいに議会やピューリタンとの溝を深めていった。

の一六〇三年四月、「千人請願」という文書を提出して、国王に教会改革の継続を要求した。これにたいして国王は、国教会の主教とピューリタン聖職者との宗教的協議の場を設け、翌年一月ハンプトン・コート会議を開催した。ところが国王は、ピューリタンたちの要求をしりぞけ、「主教なければ国王なし」と述べて、国教会体制の堅持を表明したのだった。

ピューリタンと同じく国王と対立したのは、議会の庶民院に選出されたジェントリを中心にする社会層である。彼らは、エリザベス時代から無給の治安判事をつとめたり、商工業にも積極的に関与して地方社会の「名望家」として実力をたくわえていた。常備軍をもたず、有給の官僚組織を欠いていたイングランドの絶対王政にとって、ジェントリに代表される社会層の協力を取りつけることは、安定した政治の第一条件であった。だが国王は、王権は直接神の権威に由来するという王権神授説を振りかざし、「国王・貴族院・庶民院」という三者のバランスを重んじるイングランドの伝統的国制を無視しがちであった。庶民院議員たちは、議会を軽視するジェイムズ一世に少なからぬ違和感を感じ、イングランド固有の法体系であるコモン・ローをよりどころにして、イングランド人の「古来の自由」にたいする国王の侵犯に抵抗していった。コモン・ロー闘争の先頭に立ったのは、著名な法学者として知られるエドワード・クックである。

こうした宗教的・政治的争いに拍車をかけたのは、国王側の経済政策であった。新興のジェントリやヨーマン（ジェントリと貧農の中間に位置する富農層で、通常、選挙権をもつ）を中心にした人々は、土地の集積を続ける一方で、地域の農業改良を指導して生産力の向上に貢献し、当時最大の輸出産業であった毛織物工業にも従事していた。しかし、スペインのネーデルラント攻撃にともなうアントウェルペン市場の閉鎖(一五八五年)を契機にして、輸出先を失った毛織物工業は極度の不振におちいり、一六二〇年代のイギリス経済は深刻な不況にみまわれた。もちろん、毛織物工業の側もフランドルの亡命者から技術を学び、多様な製品の開発につとめ、薄手の完成品「新毛織物」をあらたな輸出品とした。また毛織物以外の衣料品や染料、製紙、石炭、石けん、ガラス、雑多な金属製品などを製造する新しい産業も多数出現した。

これらは「実験企業」と呼ばれ、企業家的なジェントリによって経営されることが多かった。それは、困窮した農民に仕事を与えつつ、それまで輸入に頼っていた商品の国産化をめざした。だが国王の政府は、不況にたいする抜本的な対策をせず、むしろ財政難を打開するために独占権を濫発し、特定の産業や特権商人を保護するだけであった。そのため議会は、一六二四年、ジェイムズの独占権賦与を制限する法を成立させた。ここでも議会と王権との対立は深まっていった。

### 反カトリック意識の成長

一六〇五年十一月、カトリック教徒が議会に爆薬をしかけ、両院議員と国王ジェイムズ一世をもろとも爆殺しようとした火薬陰謀事件が未然に発覚した。この事件は、その記念日が首謀者の名前にちなんで「ガイ・フォークス・デイ」(十一月五日)と呼ばれ、今日ではお祭り騒ぎとして知られているが、当時は反カトリック意識を強く刺激する重大な政治的・宗教的出来事であった。

反カトリック意識は、メアリ女王時代のプロテスタント迫害を描いたジョン・フォックスの『殉教者の書』(一五六三年)などによって広がった。この意識は、イングランド人が「神に選ばれた国民」であるというナショナルな感情と深く関連しており、一五八八年にスペインのアルマダ艦隊が撃退されたことによって確固たるものになった。その成立にあたり、スペインやフランスといったカトリック強国の脅威、ローマ教皇やイエズス会の圧力といった国際的な条件が「新興国」イギリスに作用していたことは疑うべくもないだろう。

ところが、十七世紀になるとイギリスを取り巻く国際関係には変化がおとずれた。つまり、スペインやフランスから侵略を受ける危険が減少したのである。超大国スペインには衰退の兆しがみえ始め、加えてイングランド人、スコットランド人がアイルランドに入植したことによって、十六世紀のようにスペインがアイルランドを進攻の足場とする可能性はある程度まで除去された。また、長老教会主義へのスコットランド貴族の改宗とイングランド・スコットランドの同君連合により、フランスがスコットランドを侵入の拠点にする危険も遠のいていった。

ここで特筆すべきは、ステュアート朝の王権が、対外的脅威の衰退という事態を前にして、より現実的な外交を模索したことであろう。ジェイムズ一世は、ヨーロッパの主要な王家との同盟によってイギリスの安全を確保しようと考え、親スペイン政策や親フランス政策を展開した。しかし、多数の人々にとっては、国王がスペインやフランスにたいして従属的な姿勢をとっているようにみえた。こうした感情を逆なでするように、宮廷にはカトリックの司祭がおかれ、カトリックにたいする国民の警戒心は強まるばかりであった。一六一八年に始まった三十年戦争は、多くのイギリス人にとってプロテスタントとカトリックの決戦と受けとめられた。当然、ジェイムズ一世にはプロテスタント側に立って参戦することが期待された。だが、彼は義理の息子ファルツ選帝侯フリードリヒ五世の地位回復に固執したものの、財政難などのために参戦せず、結局スペインに従属的な態度をとり、議会の非難を浴びることになった。このようにして国王と宮廷は、しだいに反カトリック意識の標的とされていくのである。

### チャールズ一世の専制政治

一六二五年三月、ジェイムズが死去すると、彼の息子であるチャールズが即位した(在位一六二五〜四九)。チャールズ一世は、前王と同じく王権神授説を信奉しており、議会の同意をえないで外交をおこない、臨時の課税を強行したりした。こうした国王大権の行使にたいして、議会は一六二八年五月、クックを中心にして「権利の請願」を起草し、国王に提出した。全一一条からなるこの文書は、十三世紀の大憲章《マグナ・カルタ》以来の「イングランドの自由」を根拠にしながら、援助金の強制、恣意的な税金、不法な逮捕・投獄、兵士の民家宿泊強制、一般市民への軍法の適用などを禁止するように国王に訴えている。

馬上のチャールズ１世(1633年，ヴァン・ダイク作)　左下のステュアート家の紋章では，４分画の右上にスコットランドを示すライオンが，左下にはアイルランドを示すハープがはじめて描かれた。

ところが国王は、いったん「権利の請願」を受諾したものの、翌一六二九年三月には議会を解散し、反対派の議員を投獄して、以後一一年にわたり議会を開催しない専制政治をおこなった。この政治を支えたのは、ウィリアム・ロード(一六二八年にロンドン主教、三三年にカンタベリ大主教)とトマス・ウェントワース(一六三二年にアイルランド総督、四〇年にストラフォード伯)という二人だった。国王と側近は、ロード＝ストラフォード体制のもとで「徹底」政策を追求し、星室裁判所と高等宗務官裁判所という国王大権裁判所を用いて、反対派の議員やピューリタンを弾圧していった。

専制政治をおこなう一方で、国王は、財政難を解決するために、議会の同意をえない課税に踏み切った。彼は、国王大権によって関税(トン税・ポンド税)を強化しただけではなく、騎士強制金を新設し、独占権を濫発したりして、多くの人々の反発を招いた。一六三五年、海港都市だけに限定されていた船舶税が全国に拡大されると、三七年には元議員のジョン・ハムデンが支払い拒否の闘争を開始した。もはや架橋しがたい溝が、王権側と元議員やピューリタンのあいだにできつつあった。

これらの専制政治に加えて、チャールズの政府を国民から決定的に離反させ、革命の重要な要因を形成したのは、国王の宗教政策である。チャールズ一世は、一六二五年、フランスからカトリックの王妃アンリエッタ・マリアをむかえただけではなく、さまざまな親カトリック的政策を展開した。たとえば、カトリックの俗人が政府高官に任用され、教皇庁の代理部がロンドンに設置され、あるときは親フランス的、別なときは親スペイン的な外交政策が追求され、あげくのはてはセント・ジェイムズ宮殿内に華麗なバロック風のカトリック礼拝堂が建設されたりした。こうした政策は、当然、チャールズがカトリックの復活を意図しているという疑惑を高めた。

この疑惑を促進したのは、カンタベリ大主教(国教会の最高聖職者)となるロードの登用であった。ロード自身は、けっしてカトリックの復活を意図したのではなく、原始キリスト教からの「使徒継承性」という議論によって国教会の正当性を基礎づけようとした。しかし、ロード派と呼ばれるロードを中心にした聖職者たちが、儀式と教義の両面において国教会の改変を推し進め、その過程でピューリタンを弾圧したことは、カトリック復活を思わせるのに十分であった。儀式面では、オルガンとステンドグラスをはめた窓の設置が奨励され、聖職者には短い白衣の着用が強制され、俗人にはサクラメントを受けるのにひざまずくことが命じられた。カトリックに近い儀式の導入は、目にみえるかたちで人々を刺激するものであった。

他方、教義面では「人間の自由意志」を主張するアルミニウス主義的な神学が強調された。ピューリタンの多くは、カルヴァン主義の救済予定説を信奉し「神の絶対意志」を信じていたので、ロード派のアルミニウス主義的見解はピューリタンと真っ向から対立することになった。国王やロード派の宗教政策にたいして、多数のピューリタンは嫌悪と反発を感じた。ある戦闘的なピューリタンは「あたかもカトリックをイングランドにもたらし、イングランドをカトリックに変形するための……秘密の陰謀が進行しているように思われる」と危機感を表明したのである。

## ピューリタン・ネットワーク

ピューリタンは、もともと議員のなかに多くの信奉者をかかえていたが、議会の解散後は、頼るべき反対派として着実に支持を広げていた。彼らは、「カトリックの陰謀」がささやかれる時代に反カトリック的な主張を繰り返し、儀式よりも説教を重視して、説教の不得意な国教会の牧師にかわって教区レヴェルまで浸透していった。その支持者は、絶対王政の将来に不安を感じた一部のジェントリやヨーマンであり、特権商人にたいして不満をもつロンドンの新興商人層であり、ときには職人・手工業者や小売商人でもあった。わけてもピューリタニズムが、議会に選出されることの多いジェントリ層に受容されたことは、革命の前提条件として重要だろう。彼らの大半は、国教会支持にとどまっていたが、国教会の改変に反発し、宮廷の官職にもあずかれない彼らの一部は、ピューリタニズムに接近していった。

革命前にピューリタンたちは、少なからず反対派のネットワークをつくりあげていたが、それは、国内にとどまるものではなく、新大陸やオランダにまでおよんでいた。新大陸への植民活動は、もちろん宗教的動機だけに起因するものではなかった。経済的な目的を中心にして、一六〇七年、ジェイムズタウンがヴァージニア会社によって建設された。一六二七年にはバルバドス島(のちに砂糖プランテーションで知られる)が領有され、植民地帝国の基礎が築かれた。こうした事業は、地方の企業家的ジェントリがロンドン商人などと提携して進められることが多かった。

しかし、ピューリタンによる植民活動も無視できないものである。一六二〇年、ピルグリム・ファーザーズと呼ばれるピューリタンたちは、メイフラワ号にのってプリマス植民地を開拓した。一六二九年からは、ジョン・ウィンスロップなどのピューリタン指導者に率いられた人々が、マサチューセッツ湾植民地を建設した。これらは宗教的な信念に支えられた植民活動であり、とくに後者には、一六三〇年代を通じて約二万人ものイングランド人が「信仰の自由」を求めて渡航し、「ニュー・イングランド」と呼ばれる植民地が形成された。移民たちは、入植後、本国から切り離されたのではなく、手紙の往復や書物の輸入、新来移民や特使のもたらすニュースなどによって本国から情報をえていた。ニュー・イングランド移民のかなりの数(推定では三〇〇〇～四〇〇〇人)が、ピューリタン革命の勃発後、議会派を助けるために帰国したことが知られている。

他方、ピューリタンの一部は、より近くにあるプロテスタントの同盟国オランダへ亡命した。一六三〇年代に亡命したピューリタン聖職者たちの大半は、オランダにとどまることなく、革命開始後に帰国した。帰国者は、独立派の指導者となることが多かった。またのちに平等派のリーダーとなるジョン・リルバーンは、オランダで印刷されたピューリタンの発禁書を密かにロンドンへ輸入するという仕事に従事した。このようにピューリタンのネットワークは、国内のみならず、海外にも張りめぐらされていた。迫害され、抑圧されたピューリタンたちは、一六四〇年代になるといっせいに表舞台に登場することになる。

## 2　ピューリタン革命の展開

### 長期議会による改革

ピューリタン革命の発端は、隣国スコットランドの暴動から始まった。一六三七年、チャールズ一世とロード大主教は、長老教会主義を国教にしていたスコットランドに、イングランド国教会の儀式と祈禱書を強制した。これにたいしてエディンバラでは暴動が起き、翌年二月にはスコットランド人の団結を誓う「国民契約」が成立した。一六三九年四月になると国王は兵を北に進めて、スコットランドとのあいだに戦争（第一次主教戦争）が生じたが、国王軍は抵抗にあい、撤退をよぎなくされた。スコットランド問題に固執する国王は、戦費調達のために議会を召集することにした。こうして一一年ぶりに議会が開会されることになった。

一六四〇年四月に開催された議会は、国王の意向に従わず、わずか三週間余りで解散されたので短期議会と呼ばれる。チャールズは、なおもスコットランド問題にこだわり、同年七月、ふたたび戦争（第二次主教戦争）となったが、スコットランド軍に敗北し、賠償金の支払いを迫られた。国王は、その支払いのために再度、議会を開かなければならなくなった。一六四〇年十一月に開会された議会は、その後、一二年半継続したので長期議会と呼ばれる。

1641年の長期議会　チャールズ１世の政府を支えた要人の一人，ストラフォード伯の処刑が決められている。

約五〇〇名の庶民院議員（イングランドとウェールズから選出）を中心にした長期議会は、国王の意向とはうらはらに、さまざまな改革を断行した。議会は、まず専制政治の人的支柱であったストラフォード伯と大主教ロードを逮捕し（一六四〇年十一、十二月）、前者は翌年五月に、後者は一六四五年一月に処刑された。つぎに議会は、専制政治を阻止し、絶対王政の支配機構を打破する諸立法を制定していった。少なくとも三年に一度の議会召集が定められ（一六四一年二月）、議会の同意なき課税が禁止され（同年六月）、星室裁判所と高等宗務官裁判所という二つの弾圧機関が廃止され（同年七月）、船舶税の不法性が宣言された（同年八月）。注目すべきは、これらの諸改革が、ほぼ満場一致のかたちで進められたことである。議会には国教会支持者も、のちに国王派となる者もいたが、議員たちは、議会制定法によって国王の専制政治を阻止し、コモン・ローの精神にのっとりイングランドの伝統的国制を回復するという点で一致することができたのである。

しかし、一六四一年の秋あたりから、国教会体制の廃止をめぐって議会内部には分裂の兆しがみえ始める。議会が国王のもつ宗教権や軍事権を掌握できるか否かについて議論が分かれるようになってきた。ちょうどそのとき、国王批判を促進するような事件が起きた。一六四一年十月、イングランドの支配に苦しめられていたアイルランドで反乱が起き、数千人といわれるイングランド人が殺害されたのである。そのニュースは誇張して伝えられ、二〇万から三〇万の大虐殺がおこなわれたというデマが乱れとんだ。この反乱は民衆の反カトリック意識を刺激し、アイルランド人やカトリック教徒が武装蜂起するという噂や国王がアイルランド兵を用いて秩序維持をねらっているという話がささやかれ、多くの地方でパニック騒ぎが生じた。ピューリタン革命は、スコットランドの暴動に端を発し、アイルランドの反乱によって加速されたのである。

議会のなかのジョン・ピムに率いられたグループは、こうした動向にあと押しされて、国王やロード派の悪政を二〇四カ条にわたり列挙した「大抗議文」を作成した。この文書では、「イエズス会的カトリック」と「儀礼・迷信を重んじる主教と聖職者の腐敗分子」と「私的目的のために外国君主の利益を増進することに携わった側近と廷臣」という三者によって「この王国の宗教と正義がしっかりと根ざしている統治の基本法と原則を破壊する有害な企て」がなされたとあり、国王大権の内容に踏み込んだ改革が意図された。一六四一年十一月、「大抗議文」は議会を通過したが、それはわずか一一票差というきわどいものであった。議会の分裂は、もはや不可避になっていた。

## 内戦の勃発と議会軍の勝利

この事態に直面した国王は、一六四二年一月、ピムやハムデンら急進派の五議員を逮捕しようとして議会に乗り込むが、失敗した。国王は、ロンドンを離れて北へ向かい戦闘準備を始めた。これにたいして議会側は、一六四二年三月、「民兵条例」を採択して軍事権を掌握し、同年六月には、議会主権を主張する「十九カ条提案」を国王に提出した。国王側は、これを受諾するはずもなく、同年八月末、ノッティンガムで挙兵した。ついに国王派(騎士派《キャヴァリア》)と議会派(円頂派《ラウンドヘッド》)のあいだに内戦が勃発したのである。

国王派と議会派は、どのような人々からなり、どのような特色をもっていたのだろうか。ピューリタンの牧師リチャード・バクスタや政治家エドワード・ハイドらは、両派の社会構成をつぎのように大別している。国王派は貴族やジェントリの大部分と彼らの家臣・従者などから、議会派は貴族やジェントリの一部と商工業者やヨーマンなどからなる。地域的には、国王派は北部・西部・南西部を、議会派は東部・南部・中部を基盤にしており、宗教的には、国王派の多くが国教会を、議会派の大半がピューリタニズムを信奉していた。もっとも、両派のいずれにも属さない中立派も存在しており、両派の対立には一般的図式ではすくい上げられない複雑な要因が作用していた。最近の研究は、各州

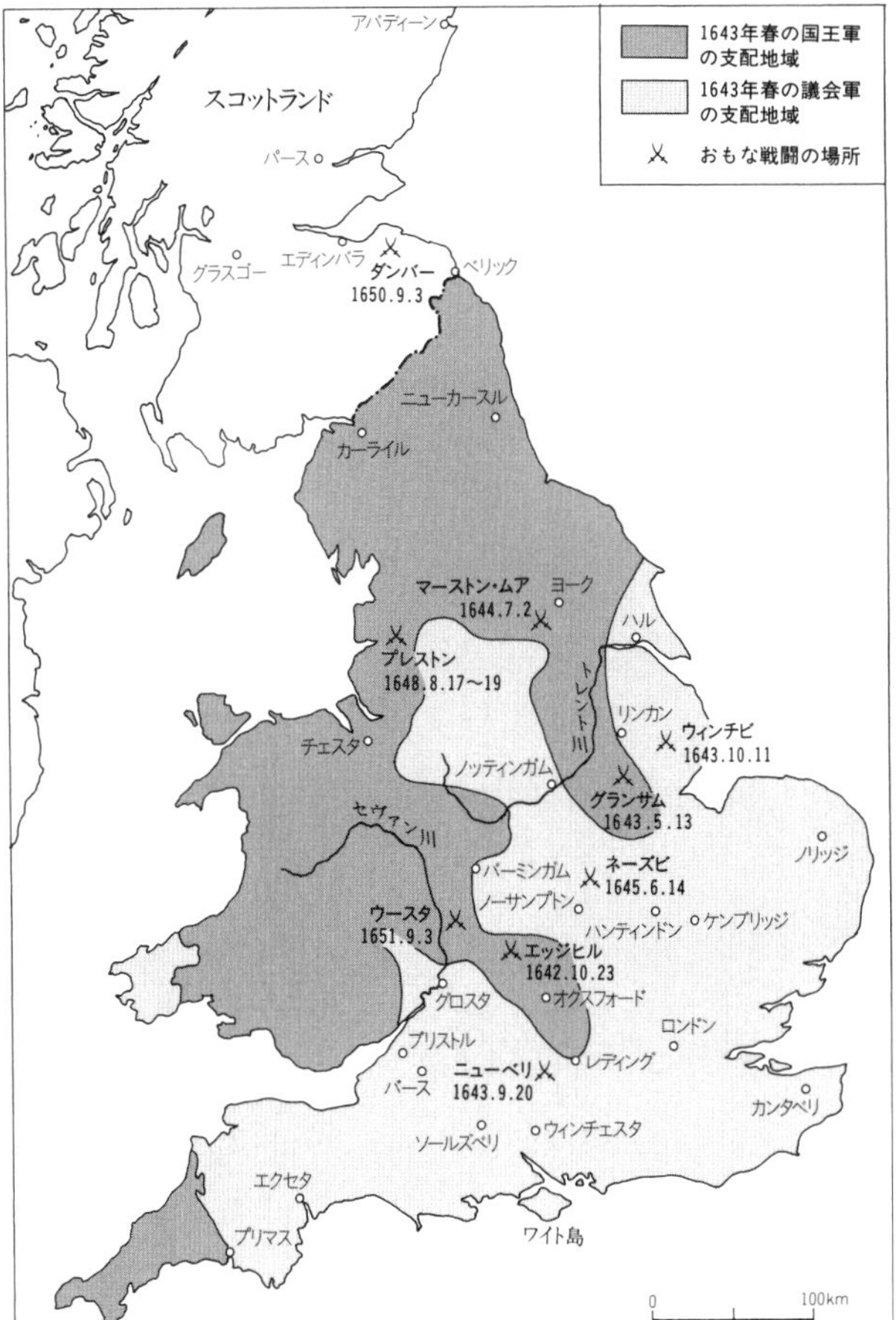
1643年春の国王軍の支配地域
1643年春の議会軍の支配地域
おもな戦闘の場所
アバディーン
スコットランド
パース
グラスゴー
エディンバラ
ダンバー
1650.9.3
ベリック
ニューカースル
カーライル
マーストン・ムア
1644.7.2
ヨーク
ハル
プレストン
1648.8.17〜19
トレント川
リンカン
ウィンチビ
1643.10.11
チェスタ
ノッティンガム
グランサム
1643.5.13
セヴァン川
ノリッジ
バーミンガム
ネーズビ
1645.6.14
ノーサンプトン
ウースタ
1651.9.3
ハンティンドン
ケンブリッジ
エッジヒル
1642.10.23
グロスタ
オクスフォード
ロンドン
ブリストル
レディング
ニューベリ
1643.9.20
バース
カンタベリ
ソールズベリ
ウィンチェスタ
エクセタ
プリマス
ワイト島
0
100km

ピューリタン革命期の国王派と議会派

オリヴァ・クロムウェル(1650年ころ)　彼は庶民院議員として，長期議会で活躍し，内戦では議会軍司令官となり，のちには護国卿にまでのぼりつめた革命の立役者であった。

や各都市ごとに地縁・血縁関係や利害関係が絡まった複雑な対立があったことを示唆している。

さて内戦は、当初、国王派優位のうちに進められた。国王軍は三十年戦争への従軍経験をもつ貴族や精鋭な騎兵隊をかかえており、一六四二年十月のエッジヒルの戦い後は優勢を占め、一時はロンドン進撃をうかがうほどであった。他方、議会軍は、各州の民兵隊を中心にしたアマチュアの集団であり、自分の州をこえて戦うことを好まないローカリズムによって特徴づけられた。こうした事態を打開するために、議会派は、東部・中部・西部といった州連合を単位として軍隊を再編成することに着手し、一六四三年九月には、オリヴァ・クロムウェルの指導のもとで東部連合軍が成立した。

同じころ、議会はスコットランドの軍事的援助を期待して、隣国とのあいだに「厳粛な同盟と契約」を結んだ。だが、スコットランド側は、軍事的・政治的同盟にとどまらず、イングランドが長老教会体制を採用するという宗教的な同盟に固執した。これに呼応した議会内のグループは「長老派」

と呼ばれ、イングランドの長老教会主義者(宗教的長老派)と提携した。他方、国王との徹底抗戦を主張するグループは、独立教会主義者(宗教的独立派)と手を結び「独立派」と呼ばれた。これ以後、議会を拠点にした長老派が国王との妥協を模索したのにたいして、独立派は主として軍隊を基盤にし、一般兵士層を取り込みながら内戦の勝利に貢献していった。

一六四四年七月のマーストン・ムアの戦いは、スコットランドからの援軍やクロムウェル率いる「鉄騎隊」の活躍があって議会軍の勝利に終わった。この後、クロムウェルらは議会軍の本格的改革に着手し、「鉄騎隊」を中核にしながら、一六四五年四月、ニュー・モデル軍を編成し、同月の「辞退条例」によって妥協的な長老派の指揮官を軍隊から追放した。この段階での議会軍はローカリズムを克服し、兵士のなかにも、ピューリタンの従軍牧師の影響を受けて、「反キリスト」を打倒し「神の大義」のために戦うことを自覚する者が多かった。第一次内戦は、一六四五年六月、ネーズビにおける議会軍の決定的勝利をへて、翌年六月、国王派の本拠地があったオクスフォードの陥落によって終結した。

### 長老派、独立派、平等派

前述したように、政治的グループである「長老派」と「独立派」は、ピューリタンの教派である長老派と独立派の名称を反映したものであった。宗教的長老派は、カルヴァン主義の流れをくみ、末端の教区教会を統轄する長老会の役割を重視していたが、さらに全国的教会組織を考えることによって、国教会と類似する側面をもっていた。他方、宗教的独立派もカルヴァン主義の影響下にあったが、信者集団からなる末端の教会を基本単位と考え、下から教会組織全体を純化しようと構想していた。

一六四三年七月から始まったウェストミンスタ宗教会議は、国教会廃棄後の教会体制を議論するために開催された。そこでは長老派が多数を占め、イングランドに長老教会体制を導入しようとした。これに抵抗したのが少数派である独立派であった。オランダからの帰国者を中心にした独立派は、クロムウェルらの政治的独立派と提携し、議会の月例説教を積極的におこない、従軍牧師職にも従事して、議会派や一般兵士層に強い影響力を行使した。たとえば、ある独立派の聖職者は、一六四一年の議会説教においてイングランドは「教皇的・カトリック的な改変から真理を守るために、主《しゅ》に宣誓し盟約を結ぶべきである」と述べ、反カトリック的な意識を表明しながら、内なる敵に注目して「かつて反キリストの統治に与えられたなかで最大の打撃が」今や加えられていると語った。また別の独立派牧師は、一六四八年の議会説教において「イングランドは、特別な方法で主なるキリストの王国となるだろう」と述べ、議会軍の勝利を千年王国論と結びつけて説明した。キリストが近い将来に再臨し、地上で千年におよぶ王国が実現されると考えるこの思想は、独立派牧師の多数によって主張され、兵士層にも共有されていった。

議会派を支持したり、議会軍に参加した者の多くは、「セクト」と呼ばれる分離教会に所属した。

独自の教会として発展した分離教会は、教区の枠をこえて、一六三〇年代から密かに形成されたが、四〇年代のロンドンではつぎつぎに設立され、急速にその数を増していた。分離教会は、小ジェントリや新興商人層が支持した独立派教会から、手工業者や小商人など民衆層が加入したものまでさまざまであった。独立派の聖職者は、こうした分離教会の代表者と会合を続け、単一の国家教会体制にかわり、複数のプロテスタント諸教会が許容される体制を模索して、宗教的寛容への道を切り開いていった。

一方、ロンドンの手工業者や小商人層に基盤をおき、「セクト」からも参加者をえたのが平等派であった。ジョン・リルバーン、ウィリアム・ウォルウィン、リチャード・オーヴァトンらに率いられた平等派は、一六四五〜四六年あたりから宗教的立場の違いをこえて政治的・経済的自由を求めていたが、四七年二月、議会が軍隊の一部を解散して、残りをアイルランドに派遣しようとしたのを契機に本格的な活動を始めた。この「軍隊の危機」にたいして平等派は、給与さえ満足に支払われていない一般兵士層の利害を守るために発言した。すでに平等派の影響力は一般兵士層に浸透しており、兵士たちは、同年五月、部隊ごとに「アジテーター」と呼ばれる兵士代表を選出し、「全軍会議」を結成した。さらに兵士たちは、人民主権の立場から政治改革を求めた「正確に述べられた軍隊の主張」(一六四七年十月)を発表した。彼らの主張の急進性に驚いた独立派の軍幹部は、独立派と平等派の代表を集めて討論の場を設けた。

こうして一六四七年十月末から十一月までパトニ会議が開催された。この会議の冒頭で、兵士代表は、人民主権論に基づいた共和政の構想である「人民協約」を提出した。さらに平等派は「イングランドのもっとも貧しい者ともいえども、発言権をもたない政府にたいしては厳密な意味で服従する義務をおっていない」と述べ、「人民協約」に従って成年男子の普通選挙権などを要求した。これにたいして独立派の軍幹部ヘンリ・アイアトンはゆずらず、選挙権を土地所有者などの有産階級に限定しようとした。結局、平等派の主張は受け入れられなかったが、社会契約の原理に依拠して政治的自由を追求した彼らの思想と運動は、イギリス史上先駆的なものとして評価することができる。他方、議会軍内部での対立が明らかになるにつれて、反革命勢力の動きが活発になった。一六四八年四月、国王はスコットランド軍と手をくんで、第二次内戦となった。しかし、独立派と平等派は一時的に和解して事にあたり、一六四八年のプレストンの戦いによって国王軍は撃退された。

## 共和政の実験

一六四八年十二月、長期議会の長老派議員は独立派のプライド大佐によって追放され（プライドのパージ）、議会は独立派議員だけで構成される残部《ランプ》議会となった。軍隊のみならず議会までも基盤にした独立派は、いよいよ反革命の核心部にいる国王チャールズ一世と向き合うことになる。一六四九年初め、捕えられた国王を裁くための高等裁判所が設置された。ジョン・ブラッドショウが裁判長となり、クロムウェルらが裁判官となり、国王の罪状が明らかにされた。そして同年一月末に国王は、「専制君主、反逆者、殺人者、国家にたいする公敵」として死刑の判決を受け、公衆の面前で処刑された。三月には君主制と貴族院を廃止する法が発布され、イングランドは歴史上ただ一度きりの「国王なき時代」に突入していったのである。

今や革命の勝利者となった独立派は、国王を処刑する一方で、同年三月には平等派の指導者を逮捕し、平等派兵士の反乱も鎮圧して独裁的な体制をつくりあげていった。五月には正式な共和政宣言がだされ、「イングランドとその全植民地・領地にいる人民は、ひとつの共和国にして自由国たるべく形成され、確定された。かくて今後この国民の最高権威すなわち議会における人民の代表によって、また彼らが人民の福祉のために任命する官吏によって……国王および貴族院なきままに統治されるだろう」と告げられた。

イギリスは、共和政の実験を始めることになった。それは、国内では国王派などの反革命勢力を打倒し、さまざまな民衆的グループの力を利用しながらも、不都合になった場合には彼らを切り捨てるという「聖徒の支配」をめざすものであった。国王処刑前後から、土地の共有を追求したディガーズやピューリタン的なモラルに反発したランターズ、「内なる光」に導かれ神との霊的交わりを求めたクエーカーズなどが活動を始めたが、彼らは政府によって弾圧された。また対外的には、反革命の拠点とみなされたアイルランドとスコットランドを征服し、ヨーロッパ大陸ではフランスのユグノーに代表されるプロテスタント勢力を援助して、カトリック諸国に打撃を与えることが目標とされた。他方で、通商上のライヴァルとなったオランダとは対抗し、植民地の拡大をはかることが意図された。

アイルランドでは、国王派とカトリック教徒が同盟して、反革命勢力を形成していた。一六四九年八月、クロムウェルを司令官とする軍隊は、アイルランドのダブリンに上陸し、翌年五月まで各地で非戦闘員を含む多くの市民を虐殺した。この遠征は、アイルランド反乱にたいする報復や、反乱鎮圧の資金を提供したロンドン商人への土地付与、給与未払い兵士への土地給付という意味が与えられ、正当化された。つぎに、クロムウェルの軍隊は、一六五〇年七月からスコットランドに侵入し、第二次内戦で国王側に転じたスコットランド軍を、九月のダンバーの戦いで撃破した。しかし、スコットランドは国王の遺児チャールズ二世を擁しており、彼に率いられた軍隊は、翌年イングランドへ南下してきた。これにたいしてクロムウェルは、一六五一年九月のウースタの戦いで決定的な勝利をおさめ、チャールズ二世はフランスへ亡命した。この戦いによって長らく続いた内戦は、ようやく終結した。

その後、一六五二年八月のアイルランド土地処分法と翌年九月の償還法によって、アイルランド反乱に参加した者やカトリック地主の土地が大量に没収され、ロンドン商人やプロテスタント地主の手に渡り、事実上アイルランドの植民地化が進行した。また、一六五一年十月には、イングランドとスコットランドの合併が宣言され、五三年七月の指名議会では、イングランドとウェールズ一三三名にたいして、スコットランドに五名、アイルランドに六名の議席が与えられた。さらに同年十二月の議員定数でも、イングランドとウェールズがあわせて四〇〇名であったのにたいして、スコットランドとアイルランドには三〇名ずつの議席が配分された。当時の議席は「国家の地理的な範囲を明示するという役割」をもっており、共和政期には、イングランドを中心にスコットランド、アイルランドを統合しようとする動きが端緒的にあったと考えられる。イングランドとスコットランドの合同は、一六五四年四月に条令化された。

### 指名議会と護国卿政権

一六五三年四月、六〇人ほどの議員からなる残部議会は、クロムウェルと軍隊の手によって解散され、同年七月、より急進的な指名議会が開会された（議席数は前述）。この議会は、選挙によらないで、軍隊と教会の推薦によって議員を選出した変則的で実験的な議会であった。クロムウェルは、議会開催に先立って、議員への期待感と千年王国的な信念をこめてつぎのように演説した。「実際あなた方は、神とともに、神のために支配するよう、神によって召されたのである。……イエス・キリストは、今日あなた方の召集によって認められた。あなた方は、神のために出席しようとする意欲によって神を認めた。あなた方は、貧しき被造物のなしうるかぎり、今日がキリストの力のあらわれる日であることを明らかにしたのである」。

1653年７月に開会された指名議会　この議会には，第五王国派と呼ばれる千年王国論者が，議員として多数出席した。

事実、指名議会には、少将トマス・ハリソンをはじめとする一群の千年王国論者が含まれていた。彼らは、第五王国派と呼ばれる「キリストの王国」建設をめざすグループであった。指名議会は、法改革や財政改革、十分の一税廃止などさまざまな改革に着手した。しかし、急進的な改革案に驚いた議会内の穏健派は、クロムウェルと手を結び、指名議会は同年十二月、さしたる成果をあげないまま解散された。かわって登場するのが、護国卿政権である。クロムウェルは、軍幹部の用意した成文憲法「統治章典」に従って護国卿《プロテクター》という地位に就いた。護国卿は、従来いわれるようにイングランドの国益を護るだけでなく、スコットランド、アイルランド、植民地やヨーロッパのプロテスタント保護をも目的とした官職であった。「統治章典」によれば、護国卿と議会が「イングランド、スコットランド、アイルランドおよび植民地からなる共和国の最高の立法権」をもつと定められており、共和政の実験は、理念上なお存続していた。

ところが、現実の護国卿政権がおかれた立場は大変厳しいものであった。指名議会から追われた第五王国派は、公然たる批判勢力となって、クロムウェルを攻撃した。また平等派の残党やクエーカーズなど宗教的セクトの活動も政府にとっては脅威であった。これらに加えて、一六五五年三月には国王派が蜂起して、鎮圧された。この状況に直面して、クロムウェルの政府は、同年八月、全国を一一の軍管区に分けて軍政官制をしき、軍事独裁色を強めていった。他方、議会は護国卿政権下で保守化し、君主制に復帰することによって事態を乗りきろうとした。一六五七年三月、議会はロンドン商人らが作成した「謙虚な請願と提案」によって、クロムウェルを王位に就けようとした。王冠を拒否したクロムウェルは、再度護国卿職に就いたものの、一六五八年九月、病気により帰らぬ人となった。

オリヴァの息子リチャード・クロムウェルは、父の跡を継いで護国卿に就任したが、もはや混乱した状態を収拾することはできなかった。一六五九年五月、彼が職を退き、護国卿政権はあえなく崩壊した。事態は、時計の針を逆回しするように進んでいった。同年五月、残部議会が再召集され、一六六〇年二月には、スコットランド軍司令官ジョージ・マンクによって長期議会が再開された。翌月には長期議会も解散され、四月に仮議会が召集され、貴族院も復活した。地方社会のジェントリとロンドン商人の多くは、この動きに協力した。ステュアート朝の王政復古への道が開かれていったのである。

### 革命期の思想と経済

さて、これまで検討したピューリタン革命は、近代思想や近代社会の成立にとって、どのような意味をもっただろうか。思想史的にみるならば、「セクト」による分離教会の設立や平等派による人民主権論の主張は、宗教的寛容や政治的自由の基礎をつくりあげ、近代民主主義につながる要素をもっていた。しかし、革命の中心部にいた独立派の聖職者や政治家の思想は、単純に近代思想とは直結できないものがある。彼らは、排外的な反カトリック意識を表明したり、「反キリスト」を敵視する千年王国論を説いて、内戦の遂行に寄与し、「神に選ばれた民」からなる共和国を建設しようとした。

国王処刑以後、独立派のなかから護国卿政権を支持しない「共和派」と呼ばれる人々が登場する。そこには、ニュー・イングランド帰りのヘンリ・ヴェーンやクロムウェルのラテン語秘書官をつとめたジョン・ミルトン、「唯物論者」として知られるジェイムズ・ハリントンらが含まれていた。クロムウェルに多くの影響を与えたヴェーンは、第五王国派とも通じる千年王国論者であった。彼は、社会契約論と人民主権論を主張したが、その場合の人民とは、けっして人民一般ではなく、革命を支持し「キリストの王権」に仕える選民の集合体であった。また『失楽園』(一六六七年)などの作品によって知られる詩人ミルトンも、社会契約論と人民主権論を唱えた革命の支持者であった。だが彼の場合も、民衆を担い手とする民主主義には否定的であり、有識者からなる「賢人支配」を追求した。

ハリントンは、前の二人ほど積極的に革命へ参加しなかったけれども、熱心な共和政の擁護者であった。彼は、『オシアナ共和国』(一六五六年)において内戦の原因を上部構造(国家形態)と土台(土地所有)の不均衡に求め、均衡を回復するために、中小農民ではなく地主層を基盤に土地所有を確立しながら、共和政を実現しようとした。このようにヴェーン、ミルトン、ハリントンの各思想は、ニュアンスの違いをもっていたが、一般民衆を主体にした民主主義という点からみれば、いずれも時代の制約を受けていたといわざるをえない。彼ら以外で注目に値するのは、近代的な主権概念を提唱した思想家トマス・ホッブズである。彼は、『リヴァイアサン』(一六五一年)において原子《アトム》的な人間観から出発し、社会契約によって国家が形成される過程を説明し、国家主権の絶対性を説いた。彼は、革命前半フランスに亡命しており、けっして「革命の思想家」とはいえないが、「思想史上の革命」を達成したと評価され、のちのロックにつながる流れを準備した。

思想の場合と同じく、ピューリタン革命は、近代的な経済制度の発展に直結したとはいいがたいものであった。もちろん一六四六年二月の後見裁判所廃止などは、重層的な封建的土地所有にかわる近代的な私的所有権への道を開いたと考えられる。しかし、実際には一六四三年ころから没収された国王派の土地が、新興の農業経営者の手に渡ることは少なく、ましてや中小農民が土地を取得することはまれであった。また革命期にも農業改良や農村工業などが進展していたが、革命政府はギルドによる独占的な産業統制を根底から変えることはなかった。

こうした点と比べるならば、海外市場や植民地の獲得にとって革命がもった意味は大きかった。クロムウェルは、本来プロテスタントの同盟国オランダとの争いを望んでいなかったが、一六五一年十月の航海法はロンドン商人らによって支持された。この法は、本国と植民地の貿易を直結し、イギリスとヨーロッパ諸国の貿易でもオランダの中継貿易を排除して、翌年五月から始まった英蘭戦争の原因となった。一六五四年四月にオランダとの平和条約が締結されると、クロムウェルは、宿敵スペインへの攻撃を開始し、翌年五月にはジャマイカを占領し、英西戦争へと発展した。ジャマイカを中心にしたカリブ海植民地には、移民が入植し、黒人奴隷制も導入され、砂糖プランテーションが発達した。革命期には、オランダやスペインと対抗して、製品市場を拡大したり、原料・食糧供給地を獲得することに成功しており、その意味で革命はのちの商業革命や植民地帝国建設に貢献したといえるだろう。

## 3 王政復古から名誉革命へ

### 王政復古体制

一六六〇年五月、チャールズ二世(在位一六六〇〜八五)は、歓喜の声にむかえられて亡命先からロンドンに帰ってきた。これによって一七一四年まで続く後期ステュアート朝が開始された。王政復古によって、革命中併合されたスコットランドとアイルランドは、形式上、別個の議会をもつ独立国となったが、両国の従属的な地位には変化がなかった。王政復古は、無条件に革命前の状態に復帰するものではなかった。チャールズ二世は、同年四月に革命関係者の大赦、信仰の自由、革命中の土地移動の承認、軍隊への未払い給与の保証という四点からなる「ブレダ宣言」を発表してから帰国した。この宣言は、復古劇の立役者エドワード・ハイド(一六六一年にクラレンドン伯)によって起草され、仮議会によって受諾された。国王とハイドは、貴族院と庶民院からなるイングランド議会の伝統を尊重

「国王殺し」の処刑(1660年)　右側の絵では，刑吏らしき男が「反逆者の首だ」と叫んでいる。

しており、革命初期に達成された長期議会の諸改革も、ほぼ継承された。

しかし、反革命派による報復は、革命のつねとして避けられないものであった。まず、チャールズ一世処刑に関与した「国王殺し」と呼ばれる裁判官(死刑判決文に署名した五九名中、存命であった四一名)を中心に追及の手が伸び、トマス・ハリソンやヘンリ・ヴェーンら一四名が処刑された。ただし「国王殺し」のうち、オランダやスイス、ニュー・イングランドへ亡命して、命拾いをした者が一五名いたことも想起しなければならない。それ以外の多くのピューリタンも新大陸へ向けて旅立った。ピューリタン・ネットワークは、王政復古期にも機能し、「避難所」を提供したと考えられる。

つぎに、一六六〇年末に解散された仮議会にかわって、翌年五月、旧国王派を多数含む騎士議会が開会された。この議会は、第五王国派の武装蜂起(一六六一年一月)や宗教的セクトの活動に脅威を感じたこともあって、一六六一年末から「クラレンドン法典」と総称されるピューリタン弾圧立法を制定していった。それは、非国教徒が都市自治体の役職に就くことを禁じた「自治体法」(一六六一年十二月)、国教会祈禱書の使用を聖職者に強制した「礼拝統一法」(一六六二年五月)、国教会以外の宗教的集会を禁止した「秘密礼拝禁止法」(一六六四年四月)、国王に忠誠の誓いをしない非国教派の聖職者を都市の五マイル以遠に追放する「五マイル法」(一六六五年十月)からなっていた。

これらによって、議会と国教会を尊重し、ピューリタンとカトリックという非国教徒を排除する王政復古体制の根幹ができあがった。地方社会では、革命前から実力をつけていたジェントリ層の支配が浸透していった。また外交政策でも、親スペイン・反オランダの勢力が台頭し、ロンドン商人の支持をえて一六六〇年と六三年に航海法が再公布され、六五年から六七年まで第二次オランダ戦争がおこなわれた。オランダとの戦争は、一六七二〜七四年にも繰り返され、通商上のライヴァル国に打撃を与えた。

## 二度目のカトリック闘争

王政復古体制を変化させていった一因は、ほかならぬ国王自身の動きにあった。すでに一六六二年十二月、チャールズ二世は、カトリックにたいする不当な差別を訴え、例外的に彼らの信仰を認めようとする信仰自由宣言をだしていた。国王自身は、カトリック教徒であることを否認したものの、彼の言動は国民の疑惑を招き、信仰自由宣言も議会によって撤回された。加えて、チャールズ二世が亡命中、世話になったフランスのルイ十四世は、カトリック君主というだけでなく、大陸侵略政策を実行に移す絶対君主であった。彼の覇権主義は、一六六七年のオランダ侵入においても示されており、イギリスがつぎの標的になるかもしれないという危機感は広く普及していた。

そのころイギリスでは、一六六五年五月のペスト大流行、翌年九月のロンドン大火といった社会を動揺させる事件があいついだ。ロンドン大火では、当初ピューリタンによる政府転覆の陰謀説が流れたが、まもなくイエズス会士による放火説が有力となり、「カトリックの陰謀」やフランスの脅威が民衆のあいだでもささやかれ始めた。そうしたおりの一六七〇年五月、国王がルイ十四世と「ドーヴァの密約」を結んだことが発覚した。これは、国王がカトリックへの改宗を宣言することを条件に、フランスが軍事援助と年金をチャールズに贈るというものであった。さらに国王は、一六七二年三月、カトリック保護の含みをもつ第二次信仰自由宣言をだした。

こうした国王の動きにたいして騎士議会は、反ピューリタンや反オランダから反カトリックや反フランスの方針をとるように変化していった。議会は、信仰自由宣言を撤回させ、一六七三年三月には「審査法」を成立させた。この法律は、公職に就く者を国教徒に限定することによって、カトリック教徒を官職から除外しようとするものであった。審査法によって、政府の要職に就くトマス・クリフォードだけでなく、海軍長官をつとめる王弟ヨーク公までがカトリックであると判明し、彼らは官職から追放された。ヨーク公ジェイムズは、カトリックの公女と再婚していたものの、次期国王の有力候補であっただけに、国民の衝撃は大きかった。

一六七八年八月には国王暗殺計画にカトリックが関与していたという「教皇主義者の陰謀」が明らかになり、反カトリック感情が高まるなかで、翌年一月、国王によって騎士議会は解散された。こうして「カトリックの陰謀」を阻止するために、議会と王権が争うというピューリタン革命前と類似した構図が出現し、一六七九年三月に召集された新議会では、ヨーク公を王位継承者から排除する「王位継承排除法案」の提出が最大の焦点となった。

新議会は同年七月に解散されたが、排除法の成立を求める請願運動は全国的規模で展開した。この運動を繰り広げた人々は「請願派」と呼ばれ、これに反対した人々は「嫌悪派」と呼ばれた。シャフツベリ伯を中心とするグリーン・リボン・クラブを母体にした「請願派」は、一六七〇年代前半の「地方党」の流れをくみ、やがて「ホイッグ」といわれた（「地方党」は一六七三年ころ、ダンビ伯を中心とする与党「宮廷党」に対抗して形成された）。ホイッグは、王権の制限と議会主権を原則にし、宗教的な寛容を主張してピューリタン系非国教徒の支持を取りつけていった。他方「嫌悪派」は、やがて「トーリ」と呼ばれ、国王にたいする服従と国教会体制の堅持を原則にした。

## ふたたび「革命」へ

一六七九年十一月には、ロンドンでローマ教皇の人形を焼く「教皇焼き」デモが登場し、「請願派」に呼応した民衆運動も高揚した。一六八〇年十月からの議会や翌年三月の議会でも、排除法の成立は大きな焦点となった。しかし、議会の内外でカトリックの国王実現を阻止する運動が展開したものの、結局、チャールズ二世は「請願派」に譲歩することはなかった。国王は、一六八一年三月に議会を解散すると、トーリを味方につけ、ホイッグ勢力の一掃に乗り出した。ホイッグの中心人物シャフツベリ伯は、翌年十一月、オランダへの亡命をよぎなくされた。

一六八五年二月、チャールズ二世が死去すると、ヨーク公がジェイムズ二世として即位した（在位一六八五〜八八）。「王位継承排除危機」と呼ばれる予防闘争は功を奏さず、国民の多数が忌避したカトリックの国王が実現したのである。チャールズの庶子で、プロテスタントのモンマス公は、この王位継承に異を唱え、同年六月に反乱を起こしたが、あえなく鎮圧された。モンマス公は翌月処刑され、反乱参加者には「血の巡回裁判」といわれる苛酷な処罰が待ち受けていた。ジェイムズは反乱後も軍隊を解散せず、議会は常備軍の設置が進行することを案じた。一六八七年四月、国王は信仰自由宣言をだし、審査法の適用除外を主張し、カトリック教徒を官職に登用する道を開いた。さらに国王は同月、オクスフォード大学のカトリック化に着手し、七月には異議を申し立てる議会を解散に追い込んだ。

国王のこうした一連の政策は、当然、十六世紀のメアリ女王時代のカトリック復帰やピューリタン革命前のロード派による弾圧を想起させるものであった。しかも、ジェイムズの背後には、一六八五年にナントの勅令を廃止してユグノーを追放したルイ十四世がひかえていた。今やイギリス人は、カトリック化と絶対王政への復帰という二つの危機と直面することになった。この危機感は、反カトリック意識を刺激してプロテスタント勢力の結集をうながすと同時に、議会を中心に人々を結束させる大きな要因となった。

一六八八年四月、国王は二度目の信仰自由宣言をだし、これを国教会の説教壇から読み上げることを聖職者に強要した。翌月、カンタベリ大主教をはじめとする七人の主教は信仰自由宣言の朗読を拒否して、投獄された。王権にたいする無抵抗の原則を掲げるトーリ系の国教会聖職者ですら、国王からの離反を始めたのである。この離反を決定的にしたのは、同年六月の皇太子誕生であった。ジェイムズの後継者誕生によってイギリスは、半永久的にカトリックの国王をいただく可能性が生じたのである。

ここにいたって、ホイッグとトーリの指導者は提携し、両派の貴族ら七名が、オランダ総督のオレンジ公ウィリアム(オラニエ公ウィレム)に向けて武力による解放の招請状を送った。オレンジ公は、一六七七年にジェイムズ二世の長女メアリと結婚していただけでなく、ルイ十四世のフランスにたいしても果敢に抵抗を試みており、プロテスタント勢力の代表者としてふさわしい人物であった。招請状を受けたウィリアムは、慎重に熟慮して、彼の遠征の目的を「プロテスタントの宗教」擁護に限定し、「この王国の法と自由の維持」にかんしてはイングランド議会に委ねることを明言してから、旅立った。オランダ軍を率いた彼は、これによって「侵略者」という非難を避けることができ、プロテスタントの擁護者として、一六八八年十一月、イングランド南西部に上陸した。ウィリアムは、圧倒的な支持を集め、各地から貴族やジェントリが参集してきた。ロンドンでは、数年ぶりに大規模な「教皇焼き」デモが繰り広げられた。他方、ウィリアムを迎え討つはずのジェイムズ二世は、軍隊のほとんどが戦う意志をもたないことを知り、深く絶望した。彼は、同年十二月にフランスへ亡命した。こうして大きな武力衝突もないままイングランド議会とプロテスタンティズムを護る「革命」が達成されたので、この事件は「名誉革命」と呼ばれるようになった。

## 4　名誉革命体制

### 「権利章典」と「寛容法」

一六八八年十二月、ジェイムズと入れかわりに、ウィリアムがロンドンにはいり、議会の召集を約束した。翌年一月に開催された仮議会は、ジェイムズ二世が国民との契約を破って国制をくつがえそ

うとし、国家の基本法を侵害し、しかも逃亡して統治権を放棄した、よって王位は空白になっている

共同即位したウィリアム３世とメアリ２世(1689年)　中央下にはステュアート家の紋章が掲げられ，右下のメアリの肩掛けは彼女の遠い祖先，ウィリアム１世の肖像画に達している。

と宣言した。そして議会は、イングランドの法と自由の保全を明記した「権利宣言」を作成した。一六八九年二月、ウィリアムと妻メアリは、この「権利宣言」に署名し、ウィリアム三世(在位一六八九～一七〇二)とメアリ二世(在位一六八九～九四)として共同王位に就いた。

同年二月、仮議会は正式の議会となり、一六八九年中に名誉革命体制を規定する「権利章典」(十二月)と「寛容法」(五月)を成立させた。これらは、ピューリタン革命以来継続した国王と議会のあいだの争いに決着をつけるものであり、政治的・宗教的革命の到達点とみなすことができる。同時にこれらによって、名誉革命はたんなる政権交替に限定されず、以後一〇〇年以上にわたって続く名誉革命体制の出発点となったのである。

まず「権利章典」は憲法に匹敵する重要な法律であり、「権利宣言」を基礎にして、正式名称「臣民の権利および自由を宣言し、王位継承を定める法律」として発布された。そこでは、国王の専制支配や宗教裁判所の設置、議会の同意なき課税などがすべて違法とされ、議会制定法によって王権を制限するという議会主権論が説かれている。これにより国王の地位は「議会のなかの国王」という限定されたものとなり、立憲君主制の原則が確立した。この原則は、常備軍や軍事予算を議会の統制下においた軍罰法(一六八九年五月)や少なくとも三年に一回の選挙を定めた三年議会法(一六九四年十二月)などによって補強されていった。

もうひとつ「権利章典」において注目すべきことは、王位継承におけるカトリック排除の原則である。そこでは、カトリックの君主またはカトリックを配偶者とする者を王位継承者から排除するという明確な方針が打ち出されている。この方針は、カトリックの国王ジェイムズ二世の圧政から学びとった教訓であると同時に、カトリックの大国フランスにたいする警戒心の表明でもあった。この方針は、一七〇一年六月の王位継承法によって、さらに具体的に明文化され、イギリス王位が、フランスに亡命しているジェイムズ二世の直系子孫(カトリック教徒でもある)にいかぬよう細心の注意がはらわれた。

つぎに「寛容法」は、国王に忠誠を誓いさえすれば、ピューリタン系の非国教徒は宗教的罰則の適用から除外されるというものであった。ただし、すべての非国教徒が寛容の対象となったのではなく、カトリック教徒と「無神論者」は例外であった。また、寛容の対象となったピューリタンであっても、「自治体法」や「審査法」が存続していたので、公職に就くことはできなかった。国教会優位の体制はいぜんとして続いたのである。この寛容法制定の背後には、ピューリタン系非国教徒にも信仰の自由を認めようとするホイッグ系の低教会派(広教派ともいう)とあくまで国教会中心の体制を護ろうとするトーリ系の高教会派の対立があった。両派が到達した妥協案こそ、寛容法であったと考えられる。

## ウィリアム三世と対外戦争

名誉革命期のイギリスには、もと平等派のジョン・ワイルドマンがオレンジ公とともにオランダから帰国したり、「国王殺し」の一人エドマンド・ラドロが亡命先のスイスから一時的に帰国したりした。さらにピューリタン革命期にイングランドにいた聖職者インクリース・マザーも、ニュー・イングランドの使節としてふたたび母国をおとずれた。彼らの要望がすべてかなえられたわけではないが、ヨーロッパや新大陸を結ぶ国際的なネットワークはふたたび機能を始めた。同時にヨーロッパのプロテスタント勢力も、オランダから新国王をむかえたイギリスが、プロテスタント同盟の中心となることを期待した。こうした期待感にもあと押しされて、イギリスは、隣接するカトリック国アイルランドの再征服に着手する一方で、スペイン、オーストリアなどハプスブルク勢力の衰退後、最大の敵国となったフランスと永続的な戦争状態にはいることになる。

まずアイルランドは、イングランドの名誉革命にたいする抵抗の場となった。一六八九年三月、ジェイムズ二世は、ルイ十四世から提供されたフランス軍を率いてアイルランドに上陸した。カトリックのアイルランド人は、彼の到来をイングランドにたいする抵抗の好機ととらえ、フランス軍と協力して、民族解放かつ反革命の戦いを開始した。この事態を知ったウィリアム三世は、自らアイルランドに進撃することを決意した。彼は、一六九〇年七月のボイン川の戦いでフランス－アイルランド連合軍を破り、ジェイムズはふたたびフランスへ脱出した。これ以後アイルランドは、プロテスタントのみからなるアイルランド議会によって支配されつつ、イングランドの不在地主によって土地を収奪され、農産物の輸出なども制限され、ますます植民地化が進展した。

つぎにフランスとの戦争は、一六八八年九月のルイ十四世によるファルツ地方侵略に端を発し、翌年五月の対フランス同盟（オランダ、オーストリアに加えて、のちにイギリス、スペイン、デンマークなどが参加）結成によって本格化した。アウグスブルク同盟戦争（あるいはファルツ継承戦争）と呼ばれるこの戦争は、一六九七年九月のライスワイク条約の締結まで続けられ、同時に北米植民地ではウィリアム王戦争といわれる英仏の戦争が進行した。ウィリアム三世は、自ら兵を率いて大陸に進攻し、反フランス勢力のリーダーとして活躍した。

国内では、戦争に要する膨大な費用を調達するために、一六九三年に国債制度が導入された。翌年七月には国債の引き受けをおもな業務とするイングランド銀行が設立された。これらの制度改革は、国家による長期の借入を可能とし、国家財政に安定した基盤を提供したので、「財政革命」と呼ばれる。「財政革命」を推し進め、戦争遂行を唱えたのは、ホイッグを中心とする政治家であった。名誉革命体制の擁護を掲げる彼らは、対フランス戦争を積極的に推進して、和平派にまわったトーリ勢力と対抗し、一六九四年以降はホイッグ派による「内閣」結成に成功した。しかし、戦争が長期化すると国民のあいだで反戦感情が高まり、一六九八年の選挙ではトーリが圧勝し、同派の「内閣」が成立した。この時期、ホイッグ派は、大地主や大商人、「金融業者」などの支持を受け、重商主義的な保護貿易政策を主張した。これにたいしトーリ派は、中小地主から支持され、戦争を誘発する保護主義にかわる自由貿易政策を追求した。

## アン女王とスペイン継承戦争

ウィリアム三世は、一六九四年十二月に妻メアリを失うと単独で王位に就き、引き続き対フランス戦争を指揮した。他方、ルイ十四世は、ジェイムズ二世の死後、その息子をジェイムズ三世として擁立するなどイギリスへの敵意をあらわにした。そうしたなかの一七〇二年三月、ウィリアムは、落馬事故が原因で死去した。かわって即位したのは、メアリ二世の妹アン女王(在位一七〇二～一四)であった。トーリ派に好意をよせたこの女王の治世を大きく特徴づけるのは、イングランド・スコットランドの合同とスペイン継承戦争(北米植民地ではアン女王戦争と呼ばれる)の遂行という二つの出来事であった。

まずスコットランドは、名誉革命後にアイルランドと異なる道をたどり始めた。スコットランドは、一六八九年四月にウィリアムとメアリの即位を承認し、王政復古期に強制されたイングランド国教会の主教制を廃止することに成功した。以後スコットランドは、プロテスタントの長老教会体制をとることになるが、イングランドとの経済的格差は広がる一方であった。そこで両国間に合同の気運が高まり、一七〇六年には議会で貴族院一六名、庶民院四五名の議員定数をふやし、これをスコットランドに割りあてるという合意が成立した。イングランドとスコットランドの合同は、一七〇七年五月に実現した。スコットランド議会は消滅し、両国は「グレイト・ブリテン」という名称をもつ連合王国となった。スコットランドでは、イングランド中心の合同にたいする不満や反発がみられ、ジェイムズ二世直系の王位継承を主張するジャコバイトと呼ばれるグループも、なお強固に存在した。しかし、合同によってスコットランドは、イギリスの航海法体制に組み込まれ、重商主義的な保護政策に護られた。徐々にではあるが、その商工業は発展し、北米との貿易も伸長した。今や「イギリス」の一部となったスコットランドは、植民地化が進むアイルランドとはまったく別の方向を歩むことになるのである。

つぎにスペイン継承戦争の発端は、一七〇〇年に死去したスペイン国王の遺言によって、その王位がルイ十四世の孫フィリップに継承されるという事態から始まった。フランスの強大化を危惧するイギリス、オランダ、オーストリアの三国は、一七〇一年九月、二度目の対フランス同盟を結んで戦争となり、イギリスは、翌年五月から参戦した。戦闘では、マールバラ公ジョン・チャーチル率いるイギリス軍が、一七〇四年八月のブレンハイムの戦いなどで勝利をおさめ、有利な条件で終戦をむかえることができた。一七一三年四月のユトレヒト講和条約では、ルイ十四世の孫をスペイン国王フェリペ五世として承認する代償として、イギリスは、ニューファンドランドやノヴァ・スコシア、ハドソン湾地方をフランスから獲得し、ジブラルタルとミノルカという地中海の二拠点をスペインからえることができた。さらにスペイン領アメリカ植民地への黒人奴隷供給権(アシエントという)もイギリスのものとなり、アメリカを中心にした第一次植民地帝国が形成され、商業や貿易の拡大に貢献した。この戦争を契機に、イギリスはヨーロッパでも屈指の強国となり、国際政治の場でも発言力を増すことになった。

国内ではトーリ派の「内閣」が、戦争遂行のために、ホイッグ派の協力を取りつけるという状態が続いた。一七〇五年以降、ホイッグ勢力の巻き返しがあったけれども、戦争の長期化とともにトーリ支持が強まり、一七一〇年十一月にトーリ派単独の「内閣」が出現した。この「内閣」は、翌年二月、庶民院議員への立候補者の財産資格を厳しくし、結果として大ジェントリ中心の地主支配体制を強化した。宗教面でもトーリ派は、一七一一年十二月の「便宜的国教徒防止法」などによって非国教徒の権利を制限し、国教会優位の体制を一歩進めた。

### 「危機」からの脱却

これまで、ピューリタン革命と名誉革命という二つの革命を中心にして十七世紀のイギリス史を跡づけてきた。十七世紀のイギリスは、他のヨーロッパ諸国と同じく、国際的あるいは国内的な「危機」と遭遇してきた。しかし、イギリスは、他の国々と比べて、比較的早く「危機」から離脱し、十八世紀には安定した社会を実現するように思われる。こうした帰結をもたらした要因は、どのような点にあるのだろうか。「政治の安定」と「経済の発展」という二つの視点から、この問題を考えてみよう。

まず、二つの革命を経験したイギリスは、政治的には議会主権を、宗教的には「信仰の自由」を達成することができた。これらは、名誉革命体制の原則となり、政治の安定に大きく寄与し、以後十八〜十九世紀にいたるまで「イギリス人の自由」を保証することになった。だが、名誉革命体制を「近代社会」として評価するには、いくつかの留保が必要となる。第一に、「権利章典」をみればわかるように、この体制の原則は、大憲章《マグナ・カルタ》以来の「古来の自由と権利」を継承するものであり、イギリス人固有の歴史や経験に裏打ちされたものであった。したがって、それは歴史や経験を共有しない国民や民族には、適用が困難な原則であった。

この点にかんして一定の解決策を与え、イギリス人固有の経験を普遍的な市民社会の原理にまで高めたのが、ジョン・ロックであった。名誉革命の思想家といわれるロックは、王政復古期にシャフツベリ伯を追ってオランダへ亡命し、革命とともに帰国した。ロックは、『統治二論』(一六八九年)において自然権思想と社会契約論に立脚しながら、王権神授説を批判した。彼は、生命・自由・財産を自然権としてもつ諸個人が相互に契約を結び、国家を形成すること、国民の信託が国家によって裏切られることがあれば、国民は国家に抵抗し、統治者を交替する権利をもつことを主張した。またロックは、『寛容書簡』(一六八九年)において政教分離を前提にして「信仰の自由」を説き、宗教的寛容を理論的に基礎づけた。ロックをへることによって、二つの革命の経験は普遍化され、アメリカ独立革命やフランス革命に受け継がれることができたといえよう。

第二の留保は、名誉革命後の議員のほとんどが、大地主を中心にした土地所有者であったことである。十八世紀になると、中小地主が没落したこともあって、大ジェントリの支配は一層強化され、中央のみならず地方においても地主寡頭支配は貫徹された。そこでは、かつて平等派が説いた民衆の政治参加という課題は達成されておらず、この問題が選挙法改正などによって解決されるまでには、なお一〇〇年以上を待たなければならなかった。

第三の留保は、宗教的寛容が実現された一方で、いぜんとして国教会優位の体制が続いたことである。とくにカトリック教徒には、反カトリック意識の影響もあって、強い差別が加えられた。この点は、アイルランドの植民地化を正当化し、アイルランド人移民にたいする大きな制約ともなった。非国教徒が国教徒と同じ権利を獲得するまでには、やはり一〇〇年以上の歳月をへなければならなかった。

このような留保つきではあるが、名誉革命後のイギリスは「政治の安定」をとげることができた。そして、この安定は、経済の発展によって支えられるものであった。国内では、十七世紀後半に、それまでの人口増加や物価騰貴がおさまり、農業生産が増大した。その一因として、王政復古期にだされた「穀物輸出奨励金制度」(国内の小麦価格が一定以下になると輸出奨励金を与える制度)が定着し、保護された地主層が穀物生産に積極的に取り組んだことがあげられる。ジェントリ層は、中小の土地所有者や借地農とも協力して、地域の農業改良を指導し、飼料作物の導入などによって効率的な農業が実現された。

また海外に目を転じれば、反カトリック意識に導かれて国民的な結束を固めたイギリス人は、この時期、スペインやフランスとの戦争を遂行した。その結果えられた植民地は、製品市場として、また食糧・原料供給地としてイギリスの経済発展にとってはかりしれない恩恵をもたらした。王政復古以後、本国と植民地間の貿易、あるいはヨーロッパ諸国への植民地物産の再輸出は、航海法体制に護られて飛躍的に増大した。この貿易の伸長や商業の拡大は「商業革命」と呼ばれる。実力と富をたくわえた商人層は、政治的発言力を増し、地主中心の議会に圧力をかけたり、政界に参入していった。

このようにイギリスは、政治的に古い体質を引きずりながらも、経済発展をとげていった。政治的に安定し、経済的にも成長したイギリスは、最終的に「危機」から脱却したと考えられるのである。

YAMAKAWA SELECTION

イギリス史《し》　上

2020年 4 月20日　第 1 版 1 刷　印刷
2020年 4 月30日　第 1 版 1 刷　発行

編者　川北 稔

発行者　野澤伸平

発行所　株式会社山川出版社
〒101-0047 東京都千代田区内神田1-13-13
電話03(3293)8131(営業)8134(編集)
https://www.yamakawa.co.jp/
振替 00120-9-43993

印刷所　株式会社加藤文明社

製本所　株式会社ブロケード
装幀　菊地信義＋水戸部功

 ISBN978-4-634-42385-5

『新版　世界各国史第十一　イギリス史』
一九九八年四月　山川出版社刊

執筆者紹介（執筆順）

**川北 稔**　かわきた　みのる
1940年生まれ。京都大学大学院文学研究科博士課程中退
大阪大学名誉教授，文学博士
主要著書：『工業化の歴史的前提——帝国とジェントルマン』（岩波書店 1983），『民衆の大英帝国——近世イギリス社会とアメリカ移民』（岩波書店 1990），『砂糖の世界史』（岩波書店 1996），『イギリス近代史講義』（講談社 2010）

**山代 宏道**　やましろ　ひろみち
1946年生まれ。広島大学大学院文学研究科博士課程修了
広島大学名誉教授，博士（文学）
主要著書：『ノルマン征服と中世イングランド教会』（溪水社 1996），『危機をめぐる歴史学——西洋史の事例研究』（編著，刀水書房 2002），『中世ヨーロッパの時空間移動』（共著，溪水社 2004）

**朝治 啓三**　あさじ　けいぞう
1948年生まれ。京都大学大学院文学研究科博士課程単位取得退学
現在，関西大学名誉教授，博士（文学）
主要著書：『シモン・ド・モンフォールの乱』（京都大学学術出版会 2003），『西欧中世史』下（共編著，ミネルヴァ書房 1995），『〈帝国〉で読みとく中世ヨーロッパ』（共編著，ミネルヴァ書房 2017）

**指 昭博**　さし　あきひろ
1957年生まれ。大阪大学大学院文学研究科博士課程単位取得退学
現在，神戸市外国語大学学長
主要著書：『図説　イギリスの歴史』（河出書房新社 2002），『〈イギリス〉であること——アイデンティティ探求の歴史』（編著，刀水書房 1999），『周縁からのまなざし——もうひとつのイギリス近代』（共編著，山川出版社 2000）

**岩井 淳**　いわい　じゅん
1956年生まれ。東京都立大学大学院人文科学研究科博士課程単位取得退学
現在，静岡大学人文社会科学部教授，博士（史学）
主要著書：『千年王国を夢みた革命——17世紀英米のピューリタン』（講談社 1995），『ピューリタン革命と複合国家』（山川出版社 2010），『ピューリタン革命の世界史——国際関係のなかの千年王国論』（ミネルヴァ書房 2015）

青木 康　あおき　やすし
1951年生まれ。東京大学大学院人文科学研究科修士課程修了
現在，立教大学特任教授
主要著書：『議員が選挙区を選ぶ――18世紀イギリスの議会政治』(山川出版社 1997)，『世界歴史大系　イギリス史２(近世)』(共著，山川出版社 1990)，『イギリス近世・近代史と議会制統治』(編著，吉田書店 2015)

秋田 茂　あきた　しげる
1958年生まれ。広島大学大学院文学研究科博士課程後期中退
現在，大阪大学大学院文学研究科教授，博士(文学)
主要著書：『イギリス帝国とアジア国際秩序――ヘゲモニー国家から帝国的な構造的権力へ』(名古屋大学出版会 2003)，『1930年代のアジア国際秩序』(共著，溪水社 2001)，Gentle-manly Capitalism, Imperialism and Global History,(編，Palgrave-Macmillan 2002)

木畑 洋一　きばた　よういち
1946年生まれ。東京大学大学院国際関係論専攻博士課程中退
現在，東京大学・成城大学名誉教授
主要著書：『支配の代償――英帝国の崩壊と「帝国意識」』(東京大学出版会 1987)，『帝国のたそがれ――冷戦下のイギリスとアジア』(東京大学出版会 1996)，『二〇世紀の歴史』(岩波書店 2014)

佐々木 雄太　ささき　ゆうた
1943年生まれ。京都大学大学院法学研究科政治学専攻博士課程中退
名古屋大学・愛知県立大学・名古屋経済大学名誉教授，法学博士
主要著書：『三〇年代イギリス外交戦略――帝国防衛と宥和の論理』(名古屋大学出版会 1987)，『イギリス帝国とスエズ戦争――植民地主義・ナショナリズム・冷戦』(名古屋大学出版会 1997)，『国際政治史――世界戦争の時代から21世紀へ』(名古屋大学出版会 2011)

山本 正　やまもと　ただし
1958年生まれ。大阪大学大学院文学研究科博士課程後期課程単位取得退学
現在，大阪経済大学経済学部教授
主要著書：『「王国」と「植民地」――近世イギリス帝国のなかのアイルランド』(思文閣出版 2002)，『図説 アイルランドの歴史』(河出書房新社 2017)，『コモンウェルスとは何か――ポスト帝国時代のソフトパワー』(共編著，ミネルヴァ書房 2014)

# ■索　　引

## 人名索引

### ●ア―オ

●カ―コ

●ナ—ノ

●ハ―ホ

●マ—モ

●ヤ―ヨ



●ラ―ロ

●ワ

# 事項索引

●ア―オ

●カ―コ

●サーソ

●タート

●ナ―ノ

●ハ—ホ

（指　珠恵）

## ■写真引用一覧

1……D. Smith, *Antique Maps of the British Isles*, B T Batsford, London, 1982.

2……Reader's Didgest (ed.), *Our Island Heritage*, Vol. I, The Reader's Digest Association Ltd., 1988.

3……E. King, *Medieval England. 1066-1485*, Phaidon Press, London, 1988.

4……Ch. Haigh (ed.), *The Cambridge Historical Encyclopedia of Great Britain and Ireland*, Cambridge Univ. Press, 1985.

5……E. Hallam (ed.), *Chronicles of the Age of Chivalry*, Weidenfeld & Nicolson, London, 1987.

6……C. Platt, *Medieval England*, Routlegde & Kegan Paul, London, 1978.

7……K. O. Morgan (ed.), *The Oxford Illustrated History of Britain*, Oxford Univ. Press, 1984.

8……C. Platt, *The Traveller's Guide to Medieval England*, Secker & Warburg, London, 1985.

9……*An Illustrated History of Britain*, Longman, London, 1989.

10……S. M. Harrinson, *Henry VIII and the Dissolution of the Monasteries*, Macmillan Education, London & Basingstoke, 1985.

11……J. Ridley, *The Life and Times of Mary Tudor*, Weidenfeld & Nicolson, London, 1973.

12……R. Strong, *Gloriana: The Portraits of Queen Elizabeth I*, Thames & Hudson, London, 1987.

13……M. Ashley, *The English Civil War: A Concise History*, Thames & Hudson, London, 1974.

14……J. Morrill (ed.), *Revolution and Restoration: England in the 1650s*, Collins & Brown, London 1992.

15……L. G. Schwoerer (ed.), *The Revolution of 1688-1689: Changing Perspectives*, Cambridge Univ. Press, 1992.

カバー——ユニフォトプレス提供

p.7上——絵葉書
p.7下——1, pp.124-125
p.19——2, p.33
p.24——山代宏道撮影
p.31——2, p.40
p.38——2, p.39
p.48——山代宏道撮影
p.62——3, p.83
p.71——4, p.101
p.75——5, p.14
p.80——6, p.88
p.87——7, p.172
p.95——5, p.121
p.114——7, p.187
p.118——5, p.301
p.147——7, p.205
p.150——8, p.19
p.153——9, p.67
p.163——10, 表紙
p.173——11, pp.164-165
p.179——12, p.73
p.187——12, p.56
p.193——12, p.165
p.199——7, pp.288-289
p.204——9, p.86
p.210——13, p.52
p.214——13, p.105
p.222——14, p.20
p.226——14, p.14
p.235——15, 扉